일단 의심하라,
그 끝에 답이 있다

일단 의심하라, 그 끝에 답이 있다

René Descartes

모티브

좋은 책을 읽는 것은
과거의 가장 뛰어난 사람들과
대화를 나누는 것과 같다.

-데카르트-

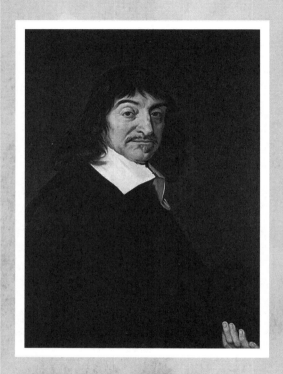

René Descartes

1596.03.31 - 1650.02.11

프롤로그

"나는 생각한다, 그러므로 존재한다." 이 문장은 철학을 몰라도 한 번쯤은 들어봤을 정도로 유명한 말이다. 그런데, 이 단순한 문장이 왜 그렇게 중요한지 그리고 철학자 르네 데카르트가 어떤 사람이었는지 깊이 생각해 본 적이 있는가? 그는 일상에서 당연하게 여겨지는 것들에 대해 의문을 품었다. '내가 보고 듣는 것이 진실일까?, 내가 알고 있는 모든 지식이 틀린 게 아닐까?'와 같은 깊은 고민을 하게 되었고, 그 끝에 그는 결코 부정할 수 없는 확신을 얻었다. 그것이 바로 '나는 생각한다, 그러므로 존재한다'는 명제였다. 아무리 의심해도, 그 의심을 하고 있는 '나'는 분명히 존재한다는 것이었기 때문이다. 이 간단해 보이는 짧은 문장은 근대 철학의 새로운 시작을 알렸다.

데카르트의 철학은 단순히 "나는 존재한다"는 말에 그친 것이 아니다. 그는 '어떻게 확실한 지식을 얻을 수 있을까?'라는 또 다른 질문을 던지며, 우리의 사고와 세상을 이해하는 방식에 대해 새로운 방향을 제시했다. 그렇게 그의 사상은 철학을 넘어 과학, 수학, 심리학 등 다양한 분야에 깊은 영향을 미쳤다. 그가 남긴 영향은 현대에 많은 관점과 새로운 시각을 볼 수 있게 도와주었다. 이런 데카르트의 철학을 우리의 일상에 녹여낸 책이 지금 펼쳐낸 책이다. 이 책은 딱딱한 철학서라기보다는 데카르트의 말을 현대적으로 재해석하여, 우리가 일상에서 올바르게 살아가기 위한 질문을 던지는 책이다. 특히, '나는 누구인가?', '나는 잘 살고 있는가?'와 같이 우리가 살면서 쉽게 부딪히는 물음들을 데카르트의 철학적 관점으로 쉽게 풀어냈다. 이 책이 누군가의 인생을 완전히 바꿔줄 만큼 대단한 역할을 하기를 바라진 않는다. 다만, 어느 날 문득 마음이 힘들고 막막할 때, 자신을 돌아보는 작은 거울이 되어주길 바랐다. 또한 어떤 문장은 위로보다는 질문으로 남고, 어떤 문장은 정답 대신 오래도록 여운으로 남았으면 했다. 그만큼 우리에게 은은하면서 매력적인 관점으로 당신에게 다가갈 것이다. 완벽한 답을 찾기 위한 것이 아니라, 더 나은 나를 이해하기 위한 것이다. 이 책은 데카르트가 끝없는 질문 끝에 답을 찾고 이해했듯 당신의 옆에서 올바른 질문을 하며 함께 성장하는 페이스메이커가 되어 줄 것이다.

차례

Chapter. 01 | 나는 생각한다, 고로 존재한다

Chapter. 02 | 가능한 모든 것을 의심하라

나는 생각한다,
고로 존재한다

René Descartes

001

나는
어떤 존재인가

'나는 제대로 살아가고 있는 걸까?', '나는 누구일까?' 누구나 한 번쯤은 이런 질문을 스스로에게 던져본 적이 있을 것이다. 열심히 살고 있는데 일이 잘 풀리지 않을 때, 친구들과 신나게 놀고 집으로 쓸쓸히 혼자 돌아올 때, 고된 하루를 마치고 잠자리에 들 때, 문득 인생에 회의감을 느끼거나 낯설게 느껴지는 자신을 보면 이런 고민을 하게 된다. 특히, 빠르게 변하는 현대 사회에서는 더욱 이런 생각을 많이 하게 된다. 기술은 끊임없이 발전하고, 정보는 실시간으로 공유되며, 사회적 기대도 과거와는 크게 달라졌다. 사람들은 더 많은 선택지를 가지게 되었지만, 불확실한 상황 속에서 자신의 정체성을 확립하는 것이 더욱 어려워졌다.

그러나 데카르트는 이러한 환경 속에서도 많은 것을 의심해야 한다고 보았다. 그는 꿈과 현실을 구별할 수 없을지도 모른다고 고민했으며, 우리가 믿고 있는 상식과 전통적인 철학조차 오류가 있을 가능성이 있다고 보았다. 심지어 자신이 경험하는 모든 것이 진짜인지조차 의심했다. 감각, 지식, 심지어 눈앞에 보이는 현실조차 확실하지 않을 수 있기 때문에 의심해야 한다고 보았다. 하지만 그 의심 속에서 하나만큼은 확신할 수 있었다. 바로 '의심하는 나'의 존재다. 모든 것이 불확실해도 내가 생각하고 있다는 사실만큼은 부정할 수 없었기 때문이다. 그래서 그는 감각이 종종 우리를 속일 수 있으며, 기존의 신념과 지식이 확실하지 않다고 생각했다. 그리고 그것을 의심하고 있는 '나는 생각한다, 그러므로 존재한다Cogito, ergo sum'라는 결론을 내렸다.

그렇다면 존재하는 당신은 무엇을 의심하고, 어떤 생각을 해야 할까? 한 번 깊이 생각하고, 또 자신에게 물어보기를 바란다. 그리고 그의 철학을 따라, 나와 세상을 다시 바라보는 관점을 넓혀보기를 바란다.

"나는 생각한다, 그러므로 존재한다"

002

내가 쓸모없게
느껴지는가

'나는 생각한다, 그러므로 존재한다.' 이 명제는 단순한 논리가 아니다. 우리의 존재를 증명하는 가장 확실한 방법이기도 하다. 데카르트의 철학에 따르면, 남들이 나를 어떻게 평가하고 내가 어떤 상황에 놓여 있든, 스스로 생각하고 있다는 그 자체가 내가 존재한다는 증거가 된다. 아무리 세상이 불확실하고, 누군가가 나를 쓸모없다고 욕해도 나는 분명히 생각하고 있기 때문이다. 우리는 타인에게 칭찬을 받거나 조금이라도 남들보다 잘한 것 같을 때 나의 가치를 느끼고 살아 있음을 실감한다. 이렇게 자각하는 이유는 내가 보고 믿는 것이 세상의 전부라고 생각하기 때문이다. 그래서 자신이 보고 자란 세계에서 남들보다 못났거나, 타인에게 무시를 당하면 나라는 존재가 쓸모없는 존재처럼 느껴지는 것이다. 하지만 보여지는 것에 집착하면, 자신의 존재 가치를 절대 알 수 없다. 그래서 우리는 의심해야 한다. 무조건 보여지는 것이 세상의 전부라 생각하며 바라보기보다, 관점을 조금만 바꿔 생각해 볼 줄 알아야 한다는 것이다. 관점을 바꿔 보면 훨씬 더 나은 것들이 보인다. 특히, 데카르트의 '나는 생각한다, 그러므로 존재한다'라는 명제를 빗대어 질문을 해보면 나의 관점이 얼마나 좁은지 알 수 있다. 예를 들어 보여지는 것에 의존하는 당신에게 이렇게 질문을 해보는 것이다. '타인의 시선이 사라지면, 당신은 존재하지 않는가?' 분명, 당신은 이 물음에 '그렇지 않다'라고 대답할 것이다. 그 이유는 타인의 관심과 시선이 없어도 분명히 나는 존재하기 때문이다.

이처럼 데카르트의 '나는 생각한다, 그러므로 존재한다'라는 말은 단순히 생각만 한다고 존재한다는 의미가 아니다. 끊임없이 생각하고 의심하며, 진정한 나다운 삶을 살아야만 존재의 의미가 생긴다는 뜻이다. 이 끝없는 질문은 과거는 물론, 지금과 미래에도 여전히 중요한 물음이 될 것이다. 단순히 철학적인 개념을 넘어, 우리가 삶을 살아가는 태도에도 큰 영향을 미칠 것이다. 살면서 내가 맞게 살아가고 있는지, 내가 하는 선택이 옳은지 흔들리고, 불확실하다 느껴질 때 데카르트 철학을 함축해 놓은 짧은 문장을 떠올려 스스로에게 질문해보길 바란다. 그렇다면 내 삶의 방향과 나의 존재가 명확하게 보이게 될 것이다. 생각하는 한 우리는 존재하며, 존재하는 한 우리는 스스로 길을 찾아갈 수 있다. 그러니 흔들릴 때마다, 스스로를 잃지 않도록 이렇게 되뇌어 보자. "나는 생각한다. 그러므로 나는 존재한다."

**"생각하는 한 우리는 존재하며,
존재하는 한 우리는 스스로 길을 찾아갈 수 있다."**

003

당신은 자신을
잘 안다고 확신하는가

자신이 존재한다는 것을 안다는 사실은, 쉽게 생각할 것이 아니다. 우리는 살아가면서 수많은 사람을 만나고, 다양한 경험을 하며 변한다. 10대 청소년기를 지나 20대 청춘을 보내고, 30대에 새로운 세상을 맛보며 우리는 계속해서 달라진다. 그때의 환경과 경험에 따라 생각과 가치관도 변화하고, 나이대마다 조금씩 다른 '나'가 존재한다. 하지만 여기서 한 가지 의문이 생긴다. 과연 그 '나'란 무엇일까? 우리는 정말로 본인 스스로를 잘 알고 있다고 말할 수 있을까? 하루만 돌아봐도 우리는 수많은 감정과 선택 속에서 살아간다. 기쁠 때는 스스로를 긍정적으로 바라보지만, 슬플 때는 쉽게 자신을 부정한다. 또한 어떤 날에는 자신이 어떤 사람인지 명확히 설명할 수 있을 것 같지만, 또 어떤 날에는 전혀 낯설고 알 수 없는 존재처럼 스스로를 느끼기도 한다. 데카르트도 바로 이러한 철학적 고민을 깊이 탐구했다.

"기쁠 때의 나와 슬플 때의 나는 같은 사람인가?"
"혼자일 때의 나와 사람들 속에 있을 때의 나는
같은 존재인가?"

이러한 질문들은 우리의 정체성을 찾아가는 과정에서 반드시 마주해야 할 중요한 질문이다. 실제로 우리는 일상 속에서 만들어진 나를 자신이라 생각하고, 나라는 존재를 설명할 때 타인의 시선과 사회적 지위, 역할 속에서 자신을 규정하는 데 바쁘다. 하지만 조금만 깊이 생각해 보면 직장에서 나, 가족 속에서 나, 친구들과 함께 있을 때의 나는 모두 조금씩 다르다. 그렇다면 이 모습들 중 '진짜 나'는 무엇일까? 아니면, 특정한 모습만이 '진짜'라고 생각하는 것 자체가 잘못된 걸까? 한 번 생각해 보아야 한다.

데카르트는 '사유하는 존재'로 인간을 정의하며, 생각하는 행위 자체가 우리의 본질을 이루고 있다고 보았다. 그는 우리가 끊임없이 자신을 탐색하고 의심하는 과정 속에서 '진짜 나'를 찾아갈 수 있다고 말했다, 하지만 짧은 우리의 견해와 관점으로는 완벽한 답을 찾지 못할 수도 있다. 그렇다고 낙담해할 필요는 없다. 중요한 것은 끊임없이 자신에게 질문하고, 내면의 목소리를 들으며, 그 답을 찾으려는 자세다. 그런 과정이 없다면 우리는 타인의 기대와 사회적 기준 속에서 쉽게 길을 잃게 될 수밖에 없다. 만일 내가 누구인지 모르겠다면, 끊임없이 의심하고 계속해서 질문을 해보자. '정말 당신은, 자신을 잘 안다고 확신하는가?' 그렇게 조금씩 더 자신을 이해하는 것이다. 타인의 기준과 말이 나를 단정짓지 못하도록 말이다. 그러다 보면 우리는 더욱 명확하고 나은 삶을 살 수 있게 될 것이고, 나날이 성장해 갈 것이다.

**"나는 내가 존재한다는 것을 안다.
문제는 내가 아는 그 '내'가 무엇인지
모르겠다는 것이다."**

자신을
증명하고 싶다면

우리는 누군가에게, 혹은 스스로에게 이렇게 말하고
싶을 때가 있다. "나 괜찮은 사람이야." "나 열심히 살고
있어." 하지만 그 말을 증명하려 할수록 더 내가 아닌
것 같고 불안해지는 경험을 해본 적이 있을 것이다. 그
이유는 누군가의 칭찬이나, 보여주기 위한 성취가 내
가 의미 있는 존재임을 보여줄 수는 있어도, 나를 증명
하는 것이 될 수 없기 때문이다. 데카르트는 이런 불안
의 근원을 정면으로 바라봤다. 그의 철학에서는 "모든

것이 흔들릴지라도, 내가 나를 증명할 수 있는 단 하나는 '생각'하는 나 자신뿐이다."라고 보았다. 그는 모든 것을 의심했지만 그 모든 의심조차도 '생각하고 있기에 가능한 일'이었던 것이다.

누군가에게 인정받고, SNS에서 반응을 얻으며 내가 괜찮은 사람이라고 믿고 싶겠지만, 이런 방식은 오래가지 않는다. 타인이 나를 바라봐주지 않을 때, 그 안에서 흔들리지 않는 나를 증명하려면, 스스로의 기준을 만들고 나라는 사람을 정의할 줄 아는 사람이 되어야 한다. 자신을 증명한다는 것은 결국 '나는 어떤 사람인가?'라는 질문에 조금씩 더 가까워지는 일이다. 그 답은 매일 어떤 생각을 하고, 어떤 가치를 중요하게 여기며, 어떤 감정을 어떻게 다루는지를 통해 서서히 드러난다. 데카르트가 강조한 것은 바로 이 '의식의 지속'이었다. 끊임없이 생각하고 의심하며 살아간다는 것 자체가, 이미 내가 존재하고 있다는 가장 강력한 증거라는 것이다.

자신을 증명하고 싶다면, 거창한 무언가를 이뤄야 한다고 생각하지 않아도 된다. 중요한 것은 나의 내면에서 출발한 사유, 나만이 알고 있는 진심, 그리고 그것을 붙들고 살아가려는 태도다. 세상이 알아주지 않아도, 내가 내 삶을 설명할 수 있다면 그걸로 충분하다. 데카르트는 우리에게 그 믿음을 남겼다. 스스로 생각하는 사람은, 이미 존재를 증명한 사람이다.

**"내가 나를 증명할 수 있는 단 하나는
'생각'하는 나 자신뿐이다."**

질문을 통해
존재를 확장하는 법

데카르트는 많은 편지를 쓴 사람이었다. 그는 혼자 생각하는 철학자였지만, 고립된 방 안에서만 사유가 깊어지는 것이 아니라, 누군가와 나누는 대화 속에서 사유가 더 정제되고 깊어진다고 믿었다. 엘리자베스 공주, 크리스티나 여왕, 그리고 동료 철학자들과 주고받은 편지를 통해 그는 질문을 교환하며 자신의 철학을 다듬었고, 그 과정에서 새로운 사유의 길을 열었다. 엘리자베스 공주는 데카르트에게 이런 질문을 한 적이 있었다. "영혼이 육체를 움직인다면, 그 연결은 어떻게 가능한가요?" 단순한 궁금증에서 시작한 이 질문은 데카르트의 철학에 큰 파장을 일으켰다. 그는 이런 말도 안 되는 질문을 그냥 넘기지 않고 진지하게 받아들였다. 철학 원칙만으로는 설명할 수 없는 영역 앞에서, 그는 인간의 마음과 몸이 맺는 관계를 새롭게 바라보게 되었다. 또한 크리스티나 여왕과는, 감정이 무엇인지, 그것을 이성으로 어떻게 조율할 수 있는지에 대해 논의했다.

이처럼 철학은 책상 위에서 시작될 수 있지만, 그것이 삶을 향하려면 타인의 언어를 만나야 한다. 질문을 받는다는 것은 생각의 경계를 다시 그리는 일이다. 누군가가 던진 진지한 물음은 내가 미처 바라보지 못한 내면의 사각지대를 볼 수 있게 해준다. 물론 데카르트는 혼자 깊이 파고들었지만, 결국 누군가의 질문 앞에서 더 분명한 답을 만들어낼 수 있었다. 오늘날 우리는 생각을 혼자만의 것으로 여기는 경향이 있다. 그러나 철학은 대답하고 있는 사람보다, 질문을 나눌 수 있는 사람에게 더 깊이 머문다. 사람은 누군가와의 대화 속에서 나의 말을 다시 돌아보고, 상대의 반응 속에서 내 사유의 깊이를 점검하게 된다. 질문 없는 생각은 쉽게 고립되지만, 질문을 주고받는 사유는 끝없이 살아 움직이게 될 것이다. 데카르트는, 생각은 서로의 질문을 통해 자라고, 철학은 대화를 통해 인간을 이해함으로써 정립된다고 보았다. 자신을 이해하고 싶은 사람은, 한 번쯤 누군가의 말에 귀 기울여 보면 좋을 것이다.

"인간은 사유하는 존재다."

Q.

당신은 언제 가장
자신답다고 느껴지는가?

Chapter. 02

가능한 모든 것을
의심하라

René Descartes

당신은 어디까지
의심해 보았는가

당신의 삶이 가짜라고 생각해본 적이 있는가? 우리는 살아가면서 UFO나 자연현상 같은 신비롭고 자극적인 것들에만 관심을 갖고 의심을 해본다. 하지만 이런 것들부터 의심하기 전에 진정으로 의심해야 할 것들이 있다. 그것은 우리가 받아들이고 있는 신념, 사회적 규범, 그리고 '진실'이라고 믿어온 것들이다. 우리가 보고 들은 것들이 정말 사실인지, 확실한 것인지, 혹은 그것을 깊이 고민하지 않은 채 그대로 받아들이고 있지는 않은지 생각해 보아야 한다.

'트루먼 쇼'라는 영화가 있다. 영화 속 주인공은 자신이 살아온 세계가 온전히 현실이라고 믿으며 30년을 살았다. 하지만 자꾸 이상한 점을 발견하게 되고, 결국 파헤친 결과, 자신의 삶이 거대한 TV 쇼였다는 사실을 알게 된다. 그가 살았던 세상의 바다, 하늘, 주변 사람들까지 모두 조작된 것이었다. 이 영화를 보고 많은 사람들이 충격을 받았고, 어쩌면 나의 인생도 가짜가 아닌지 생각하게 되었다.

우리가 살고 있는 세상이 가짜가 아니라는 것을 과학 발전을 통해 알 수 있긴 하지만, 우리는 매일 같이 핸드폰과 티비를 보며 또 다른 인터넷 세상에서 살아가고 있다. 그렇다면 우리도 생각해봐야 한다. 우리가 보고 듣는 것들이 정말 사실인지 가짜인지는 아무도 모르기 때문이다. 더더욱 인터넷 세계라면 말이다. '우리가 절대적이라 믿고 있는 것들은 정말로 진실일까? 혹시 우리도 사회가 만들어 놓은 무대 위에서, 정해진 틀 안에서 사고하고 있지는 않은가?' 의심해 보아야 한다.

데카르트는 우리가 당연하게 여기는 것들을 다시금 점검해 보는 것이 사고의 시작임을 강조했다. 그는 감각도, 경험도, 심지어 이 세계마저도 의심했다. 그 모든 것을 부정한 끝에 "나는 생각한다, 그러므로 존재한다"라는 확실한 명제에 도달할 수 있었던 것이다. 우리 역시 현대 사회에서 주체적으로 살아가기 위해서는 데카르트처럼 사고할 줄 알아야 한다. 학교에서 배우는 지식, 뉴스에서 접하는 정보, 사회에서 통용되는 관념들. 이 모든 것이 진실일까? 우리가 당연하게 여겨온 신념과 가치들이 정말로 논리적으로 검증된 것인지, 아니면 단순히 받아들여져 온 것인지 다시 생각해 볼 필요가 있다. 과학의 발전, 철학적 탐구, 사회의 변화 등 기존의 모든 것들을 의심하는 시간을 가져봐야 한다. 누군가가 기존의 법칙에 의문을 품지 않았다면, 새로운 발견도 없었을 것이고, 우리가 지금 당연하게 누리는 기술과 발전도 이루어지지 않았을 것이다.

데카르트는 '진리는 개인의 이성과 사유를 통해 도달할 수 있다'고 믿었다. 그는 진리가 모든 사람에 의해 밝혀지는 것이 아니라, 깊이 사고하는 개인에 의해 발견된다고 보았다. 이는 '1%의 천재들이 99%의 바보들을 먹여살린다'는 말과 비슷하다. 진실을 찾아가는 과정은 쉽지 않지만, 우리가 정확한 지식을 바탕으로 끝까지 의심하고 탐구한다면 더욱 확실한 진리에 다가갈 수 있을 것이다. 그렇기에 우리는 작은 혼란을 두려워하지 말아야 한다. 오히려 기존의 틀을 벗어나 의심하는 순간을 즐기고, 그것을 새로운 가능성이 열리는 시발점으로 봐야 한다. 그렇게 사고하는 힘을 길러보자. 우리가 당연하게 여기던 것들을 다시 점검하는 순간, 비로소 새로운 인생이 펼쳐질 것이다. 당신은 어디까지 의심해 보았는가? 그 진실을 파헤치는 순간 당신은 1%의 삶을 살 수 있을 것이다.

**"진실은 모든 사람들이 아닌
한 개인에 의해 밝혀질 것이다."**

002

한 번도 의심하지 않은 삶은, 제대로 살아보지 않은 삶이다

사회적으로 성공한 사람들 중에서 기존의 틀에서 벗어나 자신만의 길을 개척한 사례가 많다. 그래서일까, 현대의 많은 사람들이 타인을 의식하지 않고 '나만의 인생을 살아야 한다'는 말을 한다. 실제로 창업가들이 안정적인 직장을 포기하고 새로운 도전을 선택하거나, 예술가들이 기존의 전통적인 방식을 거부하고 자신만의 스타일을 만들어가는 모습은 멋지게 보인다. 그래서인지 그들의 영향력은 고스란히 대중에게 전파되고 있으며, 우리도 그들처럼 틀에서 벗어나 자신만의 삶을 살고 싶다는 생각을 하기도 한다. 하지만 우리는 태어나면서부터 수많은 규칙과 관념 속에서 살아가고 있고, 부모님과 선생님이 알려준 삶의 방식, 사회가 정해놓은 기준, 다수가 당연하다고 여기는 관습들에 의해 살아가고 있다. 그렇다면 이 모든 것을 단 한 번도 의심하지 않고 믿는 것이 과연 맞는 것일까? 살면서 이러한 의심조차 하지 않고 살았다면, 그들이 원하는 인생과 그들의 말에 세뇌되어 살고 있는 것이 아닌지 생각해 보아야 한다. 데카르트는 우리가 존재함을 확인하는 유일한 방법이 스스로 사고하는 것이라고 생각했다. 사고한다는 것은 의심하는 것이다. 내가 믿는 것이 정말 진리인지, 아니면 단지 익숙함에 의한 것인지를 점검해야 한다는 것이다.

한 번도 의심하지 않은 삶은 정해진 대본을 따라가는 연극과도 같다. 연극에서처럼 인생이 정해지고, 흘러가는 대로 살며, 배운 대로 말하며 사는 것이다. 그런데도 그 대본을 아무런 의심 없이 살아간다면, 스스로 살아갈 수 있는 능력을 갖추고 있음에도 불구하고 누군가가 정해준 역할을 연기하는 것에 불과하다. 그러나 스스로 의문을 던지는 순간, 우리는 그 대본에서 벗어나 진정한 자신의 이야기를 써내려갈 수 있다. 정말로 자신의 인생을 타인이 짜놓은 대로 살고 싶지 않다면, 틀에서 벗어나 의심하고 사고할 줄 알아야 한다. 말로만 나다운 인생을 살고 싶다고 말하는 것이 아니라, 먼저 자신의 삶을 의심해 봐야 한다는 것이다.

무엇을 하든 '이 길이 맞는가?', '내가 정말로 원하는 것이 이것인가?'라고 스스로에게 묻는 순간, 익숙한 틀에서 벗어나 새로운 가능성을 발견할 수 있다. 흔들림 없이 멈춰 있는 물은 썩기 마련이다. 편하고 쉬운 것만 찾아 살다 보면 매일 반복되는 하루에 어느 순간 지루함을 느끼고, 공허함이 찾아올 수밖에 없다. 진정한 불행은 단 한 번도 나만의 질문을 던져보지 않은 채 살아가는 것이다. 누군가 정해 놓은 기준과 세상이 정해놓은 틀에 갇혀 살지 말고, 내가 진정 원하는 삶을 찾아보자.

"한 번도 의심하지 않은 삶은,

한 번도 제대로 살아보지 않은 삶이다."

003

사람은 믿고 싶은 것만
믿는다

할루시네이션이라는 뜻을 아는가? 이는 Chat GPT와 같은 인공지능이 그럴싸한 거짓 정보를 제공하는 현상을 말한다. 이것이 정말 위험한 이유는, 그럴싸한 가짜 정보가 진짜로 받아들여져, 또 다른 AI들이 그 정보를 학습할 수 있기 때문이다. 이런 경우, 우리가 인공지능을 계속 사용할수록 눈 뜨고 코 베일 상황이 많아질 수 있다. 그래서 우리는 정보를 일단 의심하고, 신중하게 믿는 것이 중요하다.

데카르트는 의심을 통해 확실한 것만을 받아들여야 한다고 말했다. 불확실한 정보에 기대어 결정을 내리면, 그것이 거짓일 때 돌이킬 수 없는 결과를 초래하기 때문이다. 사실 이러한 오류는 인공지능뿐만 아니라, 인간에게도 흔히 일어난다. 예를 들어, 누군가가 당신에게 'A라는 사람이 나쁜 행동을 했다'고 말한다면, 당신은 그것을 사실로 받아들이고 A를 멀리하게 될지도 모른다. 하지만 나중에 확인해 보니 그것은 왜곡된 정보였고, A는 이미 소문이 퍼져 억울해하고 있을 수도 있다. 심지어 당신이 말한 것보다 몇 배는 부풀려져서 그 소문이 퍼졌을 수도 있다. 이건 우리가 주변에서 흔히 접하는 오류이다. 소문이 쉽게 퍼지고 왜곡되는 이유는 단순하다. 상대방의 말을 한 치 의심도 없이 믿었기 때문이다. 우리는 직접 들었다는 이유로, 그 이야기를 확실한 검증 없이 믿어버릴 때가 많다. 하지만 데카르트의 철학은 우리에게 경고한다. '명확히 참임을 알 수 없는 것은 결코 진실로 받아들이지 마라.' 명확하지 않은 것을 바로 받아들인다면 그것은 타인뿐만 아니라,

나까지 망가뜨릴 가능성이 매우 크기 때문이다.

과학이나 의료계에서는 이 원칙을 당연하게 적용한다. 의학 연구에서 새로운 치료법은 수많은 실험과 검증을 거쳐야만 받아들여진다. 만약 충분한 검증 없이 단순히 '이 방법이 효과가 있다'는 말을 듣고 사람들에게 적용한다면, 심각한 부작용이 발생할 수도 있기 때문이다. 그들이 더욱 조심하고 의심하며 명확해질 때까지 기다리는 이유는 그것이 생명과도 연결되기 때문이다. 이처럼 우리도 정보를 목숨처럼 소중히 생각할 필요가 있다.

사람들은 말을 너무 쉽게 한다. 뱉은 말을 취소할 수 있다는 듯이 욕하고, 소문을 퍼뜨리며, 또 그것을 믿는다. 하지만 그 말과 소문으로 인해 죽는 사람도 적지 않다. 그래서 항상 말을 조심해야 한다. 또한 확실성이 뒷받침되지 않은 정보를 그대로 받아들이면 위험할 수밖에 없다. 우리가 살면서 정보를 신중하게 받아들여야 하는 이유가 여기에 있다. 단순한 추측이나 감정적인 판단이 아닌, 명확하고 분명한 사실을 바탕으로 사고해야만 오해를 줄이고, 분란을 막을 수 있다. 그래서 우리는 그 말이 명확해질 때까지 의심하고 또 의심해야 한다. 특히, 정말 당신의 인생에서 중요한 순간이라면, '그것이 사실인가? 명확한 증거가 있는가? 감정이나 선입견이 판단을 흐리게 하고 있지는 않은가?' 이 질문들을 던져 보길 바란다. 그렇게 된다면 실수를 훨씬 줄이고, 더 나은 삶을 살 수 있을 것이다. 눈앞에 보인다고 해서 모두 사실은 아니다. 보고 싶은 것만 보고, 듣고 싶은 것만 듣는 것이 사람이다. 이런 점을 항상 조심하고, 데카르트의 말처럼 명확한 것들만 받아들이기를 바란다.

"명확히 참임을 알 수 없는 것은
결코 진실로 받아들이지 마라."

지혜롭게 살고 싶다면
의심하는 법을 배워라

우리는 보통 상황이 잘 풀리면 안정적이고 올바른 길을 가고 있다고 생각한다. 하지만 데카르트의 철학에서는 "지혜롭게 살고 싶다면, 가능한 모든 것을 의심하는 것이 필요하다."고 보았다. 이는 맹목적으로 믿지 말라는 뜻이 아니다. 오히려 깊이 있는 사고를 원한다면 비판적인 태도를 가져야 한다는 의미다. 우리가 맞다고 여기는 것들이 정말로 옳은 것인지, 당연하다고 생각한 것들이 사실과 부합하는지 끊임없이 검토하는 자세가 필요하다.

　사람들은 익숙한 사고방식에 안주하려는 경향이 있으며, 기존의 신념을 바꾸는 것을 좋아하지 않는다. 하지만 우리가 의심해야 하는 이유는, 모든 발전과 깨달음이 의심에서 시작되기 때문이다. 과학이 발전할 수 있었던 것도 기존의 이론을 맹목적으로 받아들이지 않고, 새로운 질문을 던졌기 때문이다. 과거에는 많은 사람들이 지구가 평평하다고 믿었다. 하지만 이를 의심하고 직접 검증한 사람들 덕분에 우리는 지구가 둥글다는 사실을 알게 되었다. 이처럼 우리가 믿고 있는 역사적 사실, 사회적 통념, 그리고 개인적인 신념조차도 다시 들여다볼 때 더 넓은 시야를 가질 수 있다. 우리가 진실을 찾기 위해서는 비판적 사고를 통해 스스로 검토하고 판단하는 습관이 필요하다. 그렇다면 어떻게 해야 올바르게 의심하는 법을 배울 수 있을까?

　첫째, 단순한 감정이나 선입견이 아니라, 논리적 근거를 기반으로 의심하는 습관을 가져야 한다. 예를 들어, 어떤 사람이 특정 음식이 건강에 해롭다고 주장할 때, 단지 그 사람이 싫어해서 그런 말을 하는 건지, 아니면 과학적인 연구 결과에 근거한 것인지 따져보아야 한다. 구체적인 자료나 검증된 정보에 기초해 판단하는 태도가 중요하다. 무작정 반대하는 것이 아니라, "왜 그런가?"라는 질문을 던지고 근거를 찾아야 한다. 어떤 주장을 들었을 때, 감정적으로 수용하기보다 객관적인 사실과 논리를 점검하는 습관이 필요하다는 것이다.

둘째, 다양한 시각에서 정보를 검토하는 태도를 가져야 한다. 하나의 정보만 믿는 것이 아니라, 다른 관점도 고려하고 비교할 때 더욱 객관적인 시야를 가질 수 있다. 특정한 이론이나 주장에 동의하기 전에 반대 입장도 살펴보고, 서로 비교하며 논리적 타당성을 평가하는 과정이 필요하다. 예를 들어 어떤 사회적 이슈를 접했을 때, 자신이 지지하는 입장뿐 아니라 비판적인 시선에서도 살펴보면, 더 균형 잡힌 이해가 가능하다. 이는 타인의 입장을 단순히 받아들이는 것이 아니라, 그들의 논리와 근거를 통해 자신이 놓친 부분을 점검하기 위함이다. 다양한 관점을 통해 얻는 통찰은 단순히 의심을 넘어서 깊이 있는 사고로 나아가게 한다.

셋째, 스스로에게 질문하는 습관을 길러야 한다. 데카르트는 우리가 무엇을 믿든 그 믿음의 기초가 확실한지 끝없이 질문해야 한다고 강조했다. 만약 종교를 가지고 있다면, 그 신념이 어떤 기반에서 형성되었는지, 그리고 그것이 자신의 삶에 어떤 의미를 주는지 깊이 고민해 보는 것이 중요하다. 한 번도 의심하지 않은 신념은 진정한 신념이 될 수 없다. 삶에서 어떤 대상을 절대적으로 믿는다는 것은 그것을 위해 내 인생을 바치는 것과 같다. 그러므로 자신의 신념을 한 번쯤은 깊이 검토해 보자. "나는 왜 이것을 믿는가?"라는 질문을 던질 때, 우리는 더욱 깊이 있는 사고를 하게 되고, 어중간한 믿음이 아니라 진정한 확신과 이해를 바탕으로 한 신념을 가질 수 있을 것이다.

한 번도 의심하지 않고 그대로 믿는 것은 위험할 수 있다. 맹목적인 신념은 성장과 발전을 방해하기 때문이다. 우리가 진리를 찾기 위해서는 끝없는 탐구와 질문이 필요하다. '무식한 사람이 신념을 가지면 무섭다'고 한다. 이는 비판적 사고 없이 신념을 가진 사람이 극단적인 행동을 할 수도 있다는 의미다. 무지에서 나오는 신념이 아닌, 진정한 신념을 가지려면 끝없이 의심해야 한다. 충분한 탐구와 깊은 사고를 거쳐 얻은 신념만이 진정한 의미를 가질 수 있다. 물론 완벽한 답을 찾지 못해도 괜찮다. 우리는 신이 아니기 때문에 답을 찾지 못할 수 있다. 확실한 답을 찾지 못했다고 불안해한다면 그것은 과한 욕심이다. 하지만 끝없는 질문과 탐구는 결국 나를 이전보다 더 나은 방향으로 이끌 것이다. 또한 답을 찾지 못하는 순간은 우리를 성장시키고, 더 깊은 깨달음으로 이끌기도 한다. 이것이 바로 의심을 통해 얻은 경험과 지혜다. 즉, 질문을 던지고 고민하는 과정 자체가 의미 있는 일이며, 완벽한 답을 찾는 것이 중요한 것이 아니라 끊임없이 사고하고 배우려는 태도가 더 중요하다. 의심하는 법을 배운다는 것은 곧 성장하는 법을 배우는 것과 다름없다. 내가 알고 있던 것이 틀릴까 봐 두려워하지 말고, 더 깊이 사고해 보길 바란다.

정확한 답을 알게 되는 순간, 당신의 인생은 새롭게 보일 것이다.

"진리를 탐구하기 위해서는 일생에 단 한 번은
모든 것을 가능한 한 철저히 의심해 보아야 한다."

확신이 없을 때
기억해야 하는 것

사람들은 확신이 없을 때 포기하거나 멈춰 선다. 어떤 선택이 옳은지 알 수 없고, 실패할지도 모른다는 두려움이 엄습해 오기 때문이다. 그러나 데카르트의 철학은 우리가 의심하는 순간이 그저 불안한 상황을 만드는 것이 아니라, 사고하고 성장하는 순간으로 봤다.

우리는 종종 확신이 없고, 이뤄놓은 것이 없으며 불분명한 상태에 놓일 때 스트레스를 받지만, 사실 그것은 더 깊이 사고하고 나아갈 기회를 만들어준다. 어떤 것이 정답인지 모를 때 우리는 더 많은 정보를 찾고, 신중하게 판단하며, 다양한 가능성을 탐색하기 때문이다. 이것이 바로 데카르트가 강조한 철학적 태도이기도 하다. 무언가를 의심한다는 것은 본질적인 진리를 찾기 위한 과정이기에, 확신이 부족할 때 오히려 더 많이 고민하고, 더 나은 선택을 할 가능성이 높아진다.

불안감을 느끼는 것은 지극히 자연스러운 일이다. 그러나 중요한 것은 그 불안을 멈춤의 이유로 삼지 않아야 한다는 것이다. 우리는 완벽한 준비가 되어야만 행동할 수 있는 존재가 아니다. 오히려 불완전한 상태에서 시행착오를 겪으며 배우는 것이 우리가 조금 더 완벽한 존재로 나아가는 방법이다. 확신이 없더라도 사고하고 나아갈 수 있는 힘, 그것이 바로 사유하는 인간이 가진 강점이다

데카르트의 철학에서는 "가장 느리게 걷는 사람도 만약 그가 항상 올바른 길을 따라 걷는다면, 방향을 잃고 이리저리 헤매는 사람보다 훨씬 더 멀리 갈 수 있다."라고 말했다. 이는 지식을 쌓거나 빠르게 판단을 내리는

것보다, 확실한 원칙과 절차에 따라 천천히 나아가는 것이 결국 더 멀리 갈 수 있다는 뜻이다.

우리의 삶에 대입해 보면, 얼마나 빠르게 하는 것이 중요한 것이 아니라 정확한 방향이 중요하다. 우리는 조금이라도 의심이 들 때 더 깊이 생각하고, 다양한 관점에서 올바른 길을 찾으려 노력하면 된다. 확신이 없어도 사고하는 한 우리는 끊임없이 성장하고 나아갈 수 있다. 그러므로 확신이 부족한 상태를 두려워하지 말자. 오히려 그 순간이야말로 우리가 더 나은 방향을 모색하고, 더 의미 있는 결론에 도달할 기회다. 이것이 우리가 망설이더라도 절대 멈추지 않아야 하는 이유이기도 하다.

"가장 느리게 걷더라도, 곧은 길을 따라 걷는다면, 가장 빠르게 달려가면서도 길을 벗어난 사람보다 더 멀리 갈 수 있다."

Q.

지금까지 당신이 확실하다고 믿어온 것 중에,
단 한 번도 의심해 본 적 없는 것은 무엇인가?

Chapter. 03

삶을 분명하게 만드는
생각의 힘

René Descartes

세상에서
가장 공평한 재산

인생을 살다 보면 불공평한 것들이 보인다. 누군가는 풍족한 가정에서 태어나 충분한 교육 기회를 누리지만, 누군가는 같은 기회를 얻기 위해 몇 배의 노력을 해야 하고, 어떤 사람은 쉽게 원하는 자리를 얻지만, 어떤 사람은 같은 실력을 갖추고도 문턱조차 밟지 못할 때가 있다. 이러한 현실을 마주하게 되면 점점 비참함을 느낄 수 있다. 그러나 데카르트는 이렇게 불공평한 세상에서도 누구에게나 공평하게 주어진 한 가지가 있다고 보았다. 그것이 바로 이성이다. 태어난 환경, 물질적 조건, 기회의 차이는 사람마다 다를 수 있지만, 이성만큼은 모든 인간에게 공평하게 주어졌다고 본 것이다.

이성이 큰 도움이 되지 않을 것이라 생각할 수도 있지만, 이성은 그 어떤 것보다 대단한 힘이다. 물질적인 자산은 사라질 수 있고, 환경은 변할 수 있지만, 사고하는 힘은 우리와 끝까지 함께하기 때문이다. 그래서 데카르트는 이성을 올바르게 활용하는 것이, 인간이 진리를 찾고, 올바른 결정을 내리는 유일한 방법이라고 생각했다.

데카르트의 철학처럼 만약 당신이 가진 것이 없고 부족한 점이 많다면, 공평하게 주어진 '이성'을 잘 활용할 줄 알아야 한다. 하지만 이성적 사고는 생각보다 쉽지 않다. 마음과 다르게 사랑하는 사람에게 화를 내고 후회할 일이 생기기 때문이다. 화가 난 상태에서 즉흥적으로 내뱉은 말이 누군가에게 상처를 주거나, 순간적인 충동으로 잘못된 결정을 내린 후 후회하는 경험은 누구나 겪어봤을 것이다. 이성적 사고를 하지 못하고 감정에 휘둘린 후 남는 것은 후회와 책임뿐이다. 그래서 우리는 이성을 단순한 사고 능력이 아니라, 삶을 이끌어가는 중요한 지침이자 나만의 무기로 삼아야 한다.

데카르트는 이성을 올바르게 사용하기 위해서는 명확하고 질서 있는 사고가 필요하다고 말했다. 그래서 우리도 감정과 외부적인 요인에 휘둘리지 않기 위해서는 명확하고 질서 있는 사고방식을 익혀야 한다. 그렇다면 실생활에서 이성적인 사고는 어떻게 해야 할까? 먼저, 감정에 즉각적으로 반응하기보다는 한 번 더 생각하는 습관을 길러야 한다. 어떤 일이 벌어졌을 때 바로 결론을 내리기보다는 '이 상황에서 가장 합리적인 선택은 무엇일까?'를 자문하는 것이다. 또한, 자신이 가진 생각이 정말 논리적인지 검토하는 습관도 필요하다. 우리는 때때로 감정적인 이유로 어떤 결론을 내리고, 그 결론을 정당화하기 위해 논리를 짜맞추는 잘못된 생각을 한다. 그래서 데카르트의 방식처럼 한 번 더 의심하고 검증하는 과정이 필요하다. 하지만 감정이 앞서는 날에는 실수하기 쉽기 때문에, 의심하고 검증하려면 충분히 생각할 시간이 필요하다. 그럴 때는 아래 방법을 사용하길 바란다.

1. 심호흡 생각법

감정이 앞설 때 가장 빠르고 효과적인 방법은 심호흡을 하며 상황을 파악하는 것이다. 순간적으로 화가 나거나 감정이 격해질 때 우리는 종종 후회할 말을 내뱉곤 한다. 하지만 감정이 이성을 압도하는 순간일수록, 잠시 멈추고 한 걸음 물러나 생각하는 것이 중요하다. 수피 (이슬람 경건주의) 속담에는 이런 말이 있다.

"말을 하기 전에 그 말이 세 개의 문을 통과하게 하세요.
첫 번째 문은 '그 말이 사실인가?'
두 번째 문은 '그 말이 필요한가?'
세 번째 문은 '그 말이 따뜻한가?'"

우리는 감정적으로 격해진 상태에서 마음에도 없는 말을 내뱉고 후회하는 경우가 많다. 특히, 사랑하는 지인이나 가족에게 상처를 주는 말을 내뱉곤 뒤늦은 후회를 한다. 하지만 이 세 개의 문을 통과한다면 감정을 다스리고, 불필요한 갈등을 줄이는 데 큰 도움을 줄 것이다.

화가 나거나 감정이 흔들릴 때 "이 말이 사실인가?", "정말 필요한가?", "상대방에게 상처를 주지는 않을까?" 라고 자문해 보자. 그리고 깊이 들이마셨다가 내쉬는 심호흡을 하며 차분하게 생각해 보자. 때로는 그 짧은 멈춤이 후회할 일을 막아주고, 더 성숙한 대화를 할 수 있도록 도와준다.

감정이 격해질 때 중요한 것은 즉각적인 반응이 아니라, 한 박자의 여유와 신중한 사고다. 우리의 말은 순간이지만, 그 말이 남기는 영향은 오래 지속된다. 만약 감정이 앞서는 날이 온다면, 심호흡을 하고 세 개의 문을 떠올려 보자. 그러면 더 따뜻하고 현명한 대화를 만들어 갈 수 있을 것이다.

2. 역지사지 생각법

역지사지란 상대방의 입장에서 생각해 본다는 의미다. 우리가 타인의 감정을 완전히 이해할 수는 없지만, '내가 저 사람이었다면 어떻게 느꼈을까?' 또는 '이 상황에서 나는 어떤 행동을 했을까?'라고 고민하는 과정은 더 나은 관계를 만들어 가는데 중요한 역할을 한다.

감정적으로 흥분했을 때는 자신의 입장에서만 생각하기 쉽다. 특히, 억울하거나 화가 날 때 '나는 맞고 상대방이 틀렸다'고 단정 짓기 쉬운 순간이 있다. 하지만 역지사지의 태도를 가져보면 상황이 다르게 보일 수 있다. 내가 생각한 것만큼 심각한 문제가 아닐 수도 있고, 오히려 내가 더 잘못한 경우도 있을 수 있다.

예를 들어, 어렸을 때 부모님이 공부하라고 잔소리하고, 밤늦게까지 학원을 보내 불만이 많았던 경험을 떠올려 보자. 당시에는 '왜 이렇게 나를 힘들게 할까?', '나를 이해하지 못하는 것 같아.'라고 생각했을 수도 있다. 하지만 부모님의 입장에서 바라보면 확연히 다를 것이다. 성적으로 평가되는 현실에서, 부모는 자녀가 뒤처지지 않기를 바라며 없는 살림에도 불구하고 학원을 보내고 최선을 다하고 있었을지도 모른다. 하지만 정작 자녀가 공부하기 싫다고 불만만 말한다면 부모 입장에서는 답답하고 난감할 것이다.

이처럼 역지사지는 단순히 예의를 차리는 것이 아니라, 더 나은 관계를 만들고 상대방을 이해하는 데 중요한 태도이다. 모든 관계는 상호적인 것이므로, 내가 상대방을 이해하려고 노력할수록 상대방도 나를 이해하려 한다. 항상 '내가 옳다'는 생각만 하기보다, '내가 틀렸을 수도 있다'는 열린 사고방식을 가진다면, 더 성숙한 시선으로 세상을 바라볼 수 있다.

만약 누군가와 갈등이 생긴다면, 먼저 '이 사람이 왜 이렇게 행동했을까?'라고 한 번 더 생각해 보자. 그 작은 고민이 결국 나를 더 나은 사람으로 만들 것이다.

3. 이성적 사고법

한 번 내뱉은 말은 다시 주워 담을 수 없다. 감정이 격해진 순간, 즉각적으로 반응하면 오히려 상황을 악

화시킬 수 있다. 그래서 감정이 폭발할 때는 즉시 대화를 시도하기보다 차분히 이성적 사고를 우선하는 것이 더 현명하다. 만약 감정적으로 말한 뒤 후회하는 일이 반복된다면, 혹은 순간적인 감정을 주체하지 못해 자꾸 문제를 만들고 있다면, 그 자리에서 한 걸음 물러서 보는 연습이 필요하다. 감정이 격해졌을 때는 문제의 본질보다 감정 자체에 집중하기 쉽다. 이럴 때는 즉각적인 해결보다 스스로를 조절하는 것이 우선이다.

모든 문제를 즉시 해결하려 한다고 해서 타인까지 나의 속도에 맞춰 바뀌지는 않는다. 감정이 앞설 때 "잠시 시간을 갖자."라고 말한 뒤 차분해진 상태에서 대화를 나누는 것이 훨씬 더 효과적이다. 잠시 멈추고 생각하는 것만으로도 불필요한 오해를 줄이고, 더 건설적인 대화를 이끌어낼 수 있다. 감정이 앞설수록 즉각적인 반응보다 한 번 더 생각하는 습관을 들이자. 그 짧은 여유가 더 현명한 선택으로 이어질 것이다. 결국 중요한 것은 감정을 억누르는 것이 아니라, 그것을 어떻게 다루느냐는 점이다. 감정은 사라지는 것이 아니라, 다뤄지는 것이다. 감정보다 이성이 앞설 때 대화를 해보자.

**"이성은 이 세상에서
가장 공평하게 나누어진 것이다."**

002

감정과 이성

감정과 이성은 우리의 삶을 움직이는 두 개의 축이다. 감정은 삶을 앞으로 나아가게 하는 에너지이며, 이성은 그 에너지가 향할 방향을 설정해 주는 나침반이다. 이 두 가지가 조화를 이루지 못하면, 우리는 감정에 휩쓸려 충동적으로 움직이거나, 반대로 이성만을 따르느라 삶의 열정을 잃을 수 있다. 균형 잡힌 삶이란, 감정의 힘을 인정하면서도 그 힘이 옳은 방향으로 흐를 수 있도록 이성이 함께하는 상태다. 자동차 엔진으로 예를 들어보자. 자동차가 움직이기 위해서는 강력한 엔진이 필요하듯이, 인간도 감정을 통해 동기를 얻고 삶의 의미를 찾는다. 기쁨, 슬픔, 분노, 사랑 같은 감정들은 우리가 행동하도록 만들고, 목표를 향해 나아가게 하는 원동력이 된다. 감정이 없다면 삶은 단조롭고 무미건조해질 것이다.

반면, 이성은 브레이크와 같다. 브레이크가 없는 자동차는 무서운 속도로 질주하다 결국 사고를 일으키듯이, 이성이 없는 감정은 우리를 위험한 상황으로 몰고 갈 수 있다. 순간의 분노에 휩싸여 충동적으로 행동하면 후회할 일을 만들 수도 있고, 불안과 두려움에 압도되어 제대로 된 결정을 내리지 못할 수도 있다. 이성이 없다면 감정에 지배당해 오히려 삶이 망가지게 되고 매일 후회만 가득한 삶을 살게 될 것이다. 우리는 감정을 통해 삶을 경험하고, 이성을 통해 그 경험을 분석하며 더 나은 길을 찾게 된다. 감정이 없다면 우리는 목표를 세울 수도 없고, 행동할 이유도 찾지 못한다. 하지만 감정에만 의존해서는 논리적이고 현명한 판단을 내릴 수 없다.

결국, 중요한 것은 감정과 이성이 균형을 이루는 삶이다. 감정이 삶의 에너지를 제공하고, 이성이 그 에너지를 올바르게 사용할 수 있도록 돕는다면 우리는 더욱 성숙하고 지혜로운 삶을 살 수 있다. 그러니 내가 너무 감정적이라고 자책하거나 자신을 미워하지 말자. 그건 이성적인 사고방식을 더 기르면 되는 일이다. 감정과 이성이 조화를 이룰 때, 우리는 더욱 성숙하고 자유로운 삶을 살아갈 수 있다.

**"모든 정념은 본질적으로 선하지도 악하지도 않으며,
오직 이성이 그들을 잘 사용하느냐,
나쁘게 사용하느냐에 따라 달라진다."**

003

이성적 사고를 위한
4가지 원칙

데카르트는 인간이 이성을 활용하여 명확하고 확실한 지식을 얻는 방법을 고민했다. 그는 기존의 전통과 감각적 경험이 종종 오류를 일으킨다고 보았고, 이를 극복하기 위해 체계적인 사고 원칙을 확립했다. 그는 단순한 믿음이나 감각에 의존하는 것이 아니라, 논리적이고 신중한 검토를 통해 진리를 탐구해야 한다고 주장하며 이를 위해 이성을 효과적으로 활용하는 방법을 정리하고, 복잡한 문제를 단계적으로 해결하는 방식을 제시했다.

아래에서 데카르트가 제시한 네 가지 원칙을 자세히 살펴보자.

1. **명증의 원칙 (확실한 것만을 받아들일 것)**

   명확하고 분명한 것만을 진리로 받아들여야 한다.

2. **분할의 원칙 (문제를 작은 단위로 나눌 것)**

   복잡한 문제를 더 작은 문제로 나누어 단계적으로 해결해야 한다.

3. **순서의 원칙 (단순한 것에서 복잡한 것으로 탐구할 것)**

   가장 단순하고 확실한 것부터 시작하여 점차 복잡한 문제로 나아가야 한다.

4. **열거의 원칙 (모든 것을 철저하게 검토할 것)**

   아무것도 빠뜨리지 않도록 철저하게 검토해야 한다.

1. 명증의 원칙 (확실한 것만을 받아들일 것)

많은 철학자와 지식인들은 복잡한 이론이나 심오한 철학적 개념에서 진리를 찾으려 한다. 하지만 데카르트는 "진리는 결국 명확하고 분명한 것 속에서 발견된다"

고 말했다. 우리가 확실한 지식을 얻기 위해서는 불분명하고 혼란스러운 개념을 무작정 받아들이기보다는, 논리적으로 명확한 것만을 인정해야 한다. 즉, 우리가 믿고 있는 것들이 얼마나 확실한지를 끊임없이 의심하는 과정이 필요하다는 것이다.

우리는 일상에서 수많은 정보를 접한다. 뉴스, 소셜미디어, 책, 심지어 주변 사람들의 말까지, 넘쳐나는 정보 속에서 우리는 직접 보지 않고서는 무엇이 사실이고 무엇이 거짓인지 구분하기 어렵다. 그래서인지 단순히 익숙하다는 이유로, 혹은 많은 사람들이 믿고 있다는 이유로 어떤 내용을 사실로 받아들이기도 한다. 하지만 데카르트는 진리는 감정이나 습관이 아니라, 명확한 근거와 논리를 통해 검증될 때만 가치가 있다고 보았다. 우리가 흔히 당연하다고 여기는 것들조차도 철저하게 검토해야 한다는 그의 철학적 태도는 현대 사회에서도 중요한 의미를 갖는다. 특히, 인터넷과 소셜미디어의 발달로 인해 검증되지 않은 정보가 빠르게 확산되는 현상은 데카르트의 철학을 더욱 시사적으로 만들었다.

코로나19 팬데믹 당시 과학적으로 검증되지 않은 치료법이나 특정 음식이 바이러스 예방에 효과적이라는 가짜 정보들이 널리 퍼졌었다. 이러한 정보들은 감정적인 호소나 단순한 반복을 통해 신뢰를 얻었으며, 결국 많은 사람들이 논리적 검토 없이 이를 사실로 받아들였다. 이처럼 잘못된 정보가 널리 퍼지는 이유는 사람들의 비판적 사고가 부족하기 때문이며, 데카르트가 강조한 '명확하고 분명한 진리를 찾는 태도'가 결여되었기 때문이다. 진리는 도망가지 않는다. 우리 주변에 존재하며, 우리가 그것을 얼마나 명확하게 바라볼 수 있느냐에 달려 있다. 불분명한 것을 무작정 받아들이기보다, 그것이 확실한 근거를 가지고 있는지를 따져보는 것. 그것이야말로 데카르트가 말한 진리를 찾는 길이며, 우리의 사고를 더욱 깊고 명확하게 만드는 방법이다.

그렇다면 우리는 어떻게 이 원칙을 실천할 수 있을까? 방법은 이와 같다. 첫 번째, 정보의 출처를 확인하

라. 단순한 입소문이나 감정적인 주장 대신, 논리적 근거가 있는지 검토해야 한다. 두 번째, 논리적으로 사고하라. 어떤 주장이 감정적으로 강한 영향을 줄수록 더욱 조심해야 한다. 감정에 휘둘리기보다 논리적으로 따져보는 습관이 필요하다. 세 번째, 증거를 요구하라. 단순한 주장이나 권위자의 말이 아니라, 객관적이고 실질적인 증거가 있는지 확인해야 한다. 데카르트가 강조한 것은 확실한 지식을 찾기 위한 방법적 의심이다. 무조건 모든 것을 믿지 말고, 모든 것을 의심하되, 의심을 거쳐도 흔들리지 않는 확실한 진리를 찾으라는 것이다. 우리가 이 원칙을 실천한다면, 가짜 뉴스나 허위 정보에 휘둘리지 않고, 논리적이고 독립적인 사고를 할 수 있을 것이다. 이처럼 데카르트의 원칙은 단순한 철학적 개념이 아니라, 현대 사회에서도 적용할 수 있는 강력한 사고방식이다. 우리는 명확한 이성과 논리를 통해 진실을 찾을 수 있어야 한다. 그것이야말로 확실한 지식에 도달하는 첫걸음이다.

2. 분할의 원칙 (문제를 작은 단위로 나눌 것)

어떤 문제가 너무 복잡하거나 어려우면 사람들은 딜레마에 빠지게 된다. 특히, 새로운 개념을 배우거나 중요한 결정을 내려야 할 때, 문제를 한꺼번에 해결하려 하면 오히려 더 하기 싫어지고 막막해진다. 복잡한 상황을 한 번에 이해하려 하면 부담이 커지고, 어디서부터 시작해야 할지 몰라 막막해지기 때문이다. 데카르트는 이를 해결하기 위해 "분할의 원칙"을 제시했다. 어떤 문제든 더 작은 단위로 나누어 단계적으로 해결해야 한다는 것이다. 이 원칙은 체계적이고 논리적인 사고를 위해 중요하다. 데카르트는 우리가 어떤 문제를 해결할 때, 전체를 한꺼번에 이해하려 하지 말고, 작은 부분으로 나누어 분석하는 것이 훨씬 효과적이라고 강조했다.

이는 철학적 원리뿐만 아니라, 현대 과학과 수학, 그리고 실생활에서도 널리 활용되는 사고방식이다. 현대 과학자들은 복잡한 현상을 연구할 때, 한꺼번에 모든 변수를 고려하기보다는 작은 요소별로 나누어 연구를 진행한다. 신약 개발을 할 때도, 단순히 "이 약이 효과가 있는가?"라고 묻기보다는, 각각의 성분이 인체에 미치는 영향, 부작용, 복합적인 작용 기전 등을 단계적으로 연구한다. 이런 방식이 없다면, 과학적 연구는 정확성을 잃고 혼란에 빠질 수밖에 없기 때문이다. 예를 들어 중요한 프로젝트를 진행한다고 쳤을 때, 처음부터 끝까지 모든 작업을 동시에 생각하면 부담스럽지만, 작은 단계로 나누어 하나씩 해결하면 훨씬 수월해진다. 작은 목표로 나누고 하나씩 해결하는 것이, 목표 달성을 위해 가장 현실적이고 효과적인 방법이다.

이처럼 분할의 원칙은 우리가 더 효과적으로 사고하고 학습하는 데 필수적인 원칙이다. 우리는 종종 너무 큰 문제를 한꺼번에 해결하려 하다가 좌절하곤 한다. 하지만 작은 조각으로 나누어 하나씩 해결하면, 우리는 더 큰 목표를 이룰 수 있다. 어떤 문제든 당장 해결할 수 없다고 낙담하기보다 작은 부분으로 나누어 하나씩 해결해 보면 된다. 일이 많을 때 많다고 호들갑 떠는 것보다, 먼저 일을 나눠서 하나씩 보는 게 훨씬 효율적일 것이다.

3. 순서의 원칙 (단순한 것에서 복잡한 것으로 탐구할 것)

외국인들이 한국에서 일하다 보면 가장 많이 느끼는 것이 '빨리빨리' 문화라고 한다. 실질적으로 이런 종족의 특성 때문일지는 몰라도 우리는 너무 빠르게 큰 결과를 바랄 때가 많다. 그래서 쉬운 것부터 차근차근히 하려고 하기보다는 어려운 것부터 빠르게 해결하려고 한다. 하지만 그렇게 하면 쉽게 좌절하기 마련이다. 배우는 과정에서 기초를 무시하고 복잡한 개념으로 바로 뛰어들면, 제대로 이해하지 못한 채 흥미를 잃거나 학습 자체를 포기하게 될 수도 있다. 데카르트는 이를 방지하기 위해 "가장 단순하고 확실한 것부터 시작하여 점차 복잡한 문제로 나아가야 한다"고 강조했다. 이를 "순서의 원칙"이라 한다.

이 원칙은 문제를 해결하는 과정뿐만 아니라, 지식을 습득하는 방식에도 중요한 역할을 한다. 데카르트는 철학적 탐구를 할 때도 기본적인 개념과 논리를 먼저 확립한 후, 점진적으로 더 심오한 문제로 나아가야 한다고 보았다. 이를 통해 혼란을 줄이고, 더욱 확실한 이해를 얻을 수 있기 때문이다. 또한 데카르트의 철학은 "최선의 분별력은 모든 것을 질서 있게 탐구하는 것"이라고 보았다. 즉, 체계적인 사고를 통해 문제를 정리하고, 논리적으로 접근할 때 우리는 더 나은 결정을 내릴 수 있다는 뜻이다.

혼란스러운 상황에서도 우리가 옳지 못한 선택을 하지 않으려면, 난잡한 머릿속을 정리하고 자신만의 질서를 만들어야 한다. 어떤 목표를 가질 것인지, 그 목표를 위해 무엇을 해야 할지, 그리고 그것이 나에게 어떤 의미를 가지는지 스스로에게 질문하는 것처럼 말이다. 예를 들어, 다이어트를 결심한 사람을 생각해 보자. 단순히 "살을 빼야겠다"는 결심만으로는 실천하기 어렵다. 대신 1) 식단 조절하기 2) 꾸준한 운동 습관 만들기 3) 생활 패턴 점검하기 같은 세부적인 목표를 설정하면 훨씬 실현 가능성이 높아진다. 마찬가지로, 삶에서도 무작정 변화하려 하기보다 작은 것부터 실천하며 차근차근 목표를 향해 나아가는 것이 더 현실적이고 실행에 큰 도움이 된다.

결국, 최선의 분별력은 혼란 속에서도 질서를 찾아가는 능력에서 나온다. 무작정 답을 찾으려 하기보다, 질서 있게 사고하고 탐구하는 태도를 갖출 때 우리는 더욱 명확한 결론에 도달할 수 있다. 삶은 항상 예측할 수 없는 방향으로 흐르지만, 그럴 때 필요한 것은 완벽한 해답이 아니라, 흔들리더라도 한 걸음씩 나아가려는 용기다. 질서를 찾으려는 우리의 노력 자체가 이미 의미 있는 길을 만들어가고 있는 것이다. 그러니 너무 조급해하지 말고, 스스로에게 질문하며 차근차근 나아가 보자. 답은 결국, 그 길 위에서 발견될 것이다.

4. 열거의 원칙 (모든 것을 철저하게 검토할 것)

데카르트는 모든 가능한 요소를 철저히 점검하고, 누락되는 것이 없도록 해야 한다고 강조했다. 이를 '열거의 원칙'이라 한다. 이 원칙은 사고 과정에서 실수를 줄이는 데 필수적인 역할을 한다. 어떤 문제를 해결할 때, 종종 핵심적인 요소에만 집중하고 나머지는 간과하기 쉽다. 그러나 작은 요소 하나가 전체 결과에 큰 영향을 미칠 수 있기 때문에, 가능한 모든 가능성을 빠짐없이 검토하는 태도가 필요하다. 이런 철저함이 바로 논리적 사고의 완성도를 높이는 핵심이다.

열거의 원칙은 단지 철학적인 개념에 그치지 않고, 과학적 연구와 일상생활 모두에 적용 가능한 실용적인 사고 방식이다. 예를 들어, 연구자가 실험을 설계할 때 특정 조건만 검토하고 다른 요소들을 간과한다면, 실험 결과는 왜곡될 가능성이 높다. 그래서 과학자들은 실험 설계 단계에서부터 가능한 모든 변수를 꼼꼼히 점검하고, 누락된 요인이 없는지 반복적으로 확인하는 절차를 거친다. 이는 단순한 검토를 넘어, 오류 가능성을 미리 차단하는 과정이다. 우리의 일상에서도 열거의 원칙은 매우 유용하게 작용한다. 회사에서 중요한 계약을 체결할 때, 계약서의 세부 조항을 충분히 검토하지 않고 서명해 버리면 예상치 못한 불이익을 당할 수도 있다. 따라서 모든 조항을 꼼꼼히 읽고, 빠진 부분은 없는지 확인하는 습관이 필요하다. 이는 단지 법적인 문제를 방지하는 것이 아니라, 책임 있는 사고와 결정을 가능하게 하는 기본 태도이기도 하다.

　그렇다면 이 원칙을 실제로 어떻게 적용할 수 있을까? 다음과 같은 단계로 접근해 보자. 첫 번째, 모든 가능성을 나열하라. 문제를 해결할 때 고려해야 할 요소들을 목록으로 정리해 시각화하라. 두 번째, 체계적으로 점검하라. 중요한 결정을 내리기 전에 누락된 부분이 없는지 여러 차례 반복해서 검토하라. 세 번째, 객관적인 검토를 거쳐라. 개인적인 편견이나 감정을 배제하고, 타당한 근거를 바탕으로 판단하라. 주변 사람의 의견을 참고하는 것도 좋은 방법이다. 데카르트의 열거의 원칙은 우리가 실수를 줄이고, 더 정확한 판단을 내릴 수 있도록 돕는다. 문제 해결에 있어 직관에만 의존하는 것이 아니라, 철저하고 체계적인 검토를 통해 더 논리적이고 신뢰할 수 있는 결론에 도달할 수 있다. 급하게 결론을 내리기보다, 시간을 들여 충분히 숙고하고 하나하나 점검하는 것이 결국 올바른 선택으로 이어진다. 그리고 그 선택은 후회보다 확신에 가까운 결과를 우리에게 안겨줄 것이다.

"최선의 분별력은
모든 것을 질서 있게 탐구하는 것이다."

당신의 편견은
무엇인가

　누구나 자신만의 생각과 신념을 가지고 있다. 그리고 그것이 '객관적'이고 '올바른 판단'이라고 믿는다. 하지만 정말 그 믿음이 맞을까? 우리가 진실이라고 믿는 것 중 상당수는 편견과 선입견에 기반하고 있을 가능성이 크다. 데카르트는 정확한 이성적 사고를 위해 모든 것을 의심하는 것에서부터 시작해야 한다고 주장했다. 그는 '확실한 것만을 받아들이고, 불분명한 것은 일단 의심해야 한다'고 말하며, 우리가 가진 믿음이 정말 옳은 것인지 스스로 점검하는 과정이 필수적이라고 보았다.

우리가 가진 편견을 먼저 의심하는 것이야말로 이성적 사고의 출발점이 된다. 편견은 객관적 사실을 왜곡하거나 새로운 정보를 받아들이는 것을 방해하는 요소이기 때문이다. 예를 들어, '수학을 잘하는 사람은 타고난 두뇌가 다르다'라는 편견이 있다면, 그는 노력하면 수학을 잘할 수 있다는 가능성을 쉽게 배제해 버리게 된다. 이처럼, 우리가 가진 편견은 비판적 사고를 방해하고 잘못된 결정을 내리게 만들며, 더 넓은 시야를 가질 기회를 박탈할 수도 있다. 이러한 편견의 틀을 벗어나면 우리 일상에 사업 수단이나 마케팅 전략으로 훌륭한 기술이 될 수 있다. 노노드삭스Nono de Saxe 양말이 훌륭한 예시다. 노노드삭스는 편견을 깨는 작은 아이디어에서 나오게 되었다. 이 양말은 '세상을 바꾸기 위해 내가 할 수 있는 일은 무엇이 있을까?'라는 질문에서 시작했다고 한다. 일반적으로 사람들은 눈이 보이지 않는다면 옷의 디자인은 의미가 없다고 생각을 한다, 하지만 그는 그 편견을 깨고자 했다. 그래서 그는 시각장

애인도 촉감을 통해 색을 구별할 수 있도록 각각의 색상에 따라 다른 질감을 가진 양말을 개발했다. 이들은 우리가 가진 선입견을 깨트리고 사물의 본질을 파악한 것이다. 단순히 양말이라는 기능적인 필요가 아니라, 자신을 표현하고 싶은 욕구가 누구에게나 있다는 사실을 인식한 것이다.

　편견을 깨는 순간, 우리의 발전은 무궁무진해진다. 그렇다면 어떻게 해야 우리가 가진 편견을 인식하고 더 정확한 이성적 사고를 할 수 있을까? 다음과 같은 방법이 도움이 될 수 있다. 첫 번째는 내 생각이 어디에서 비롯되었는지 점검하는 것이다. 내가 가지고 있는 신념과 가치관이 어디에서 비롯되었는지를 따져보는 것이다. 두 번째는 반대되는 의견에도 귀를 기울여야 한다. 우리는 자신의 의견을 지지하는 정보만을 찾는 확증 편향을 갖고 있다. 하지만 반대되는 의견을 헛소리라고 단정 짓고 넘기기보다는, 다른 관점에서 사물을 바라보는 이가 말한다고 생각하며 사고의 폭을 넓힐 수 있다. 세 번째는 나는 틀릴 수도 있다는 태도를 유지해야 한다. 절대적으로 맞는 생각이란 존재하지 않는다. 언제든지 내가 틀릴 수도 있다는 열린 태도를 가지면, 더 유연하고 합리적인 사고를 할 수 있다. 마지막 네 번째는, 감정이 아닌 논리를 바탕으로 판단하기다. 우리는 감정적으로 강하게 반응하는 주제일수록 이성을 잃고 편향적으로 사고하기 쉽다. 그러나, 감정이 아닌 논리적 근거를 중심으로 생각하는 습관을 들이면 더 정확한 판단을 내릴 수 있다.

이처럼 편견을 의심하고 열린 사고를 하게 되면, 우리는 더 정확하고 합리적인 선택을 할 수 있다. 이는 사회적으로도 중요한 의미를 갖는다. 고정관념이 줄어들수록 우리는 다양성을 인정하고, 타인의 입장을 더 깊이 이해할 수 있다. 또한, 기존의 틀에 얽매이지 않고 창의적인 해결책을 모색할 수도 있다. 우리가 무엇을 믿고 있는지, 왜 그렇게 믿고 있는지 스스로 질문해 보자. 그리고 그 믿음이 논리적으로 타당한지, 객관적인 근거가 있는지를 검토해 보길 바란다. 진정한 이성적 사고는, 나 자신부터 의심하는 태도에서 시작될 것이다.

"나는 지금까지 나를 속여온 모든 것에 대해
의심하겠다. 그리고 다시 처음부터 시작해,
전혀 새로운 기초 위에 나의 인식을 세우겠다."

당신의 감각을
믿지 마라

　데카르트의 철학적 탐구는 단순히 추상적인 사유에 그치지 않고, 빛의 굴절과 시각을 과학적으로 연구하는 데까지 확장되었다. 그는 눈이 빛을 굴절시켜 망막에 상을 맺히게 한다는 점을 설명하며, 이를 통해 감각이 완벽하지 않음을 강조했다. 이는 그의 철학 중, 감각이 종종 우리를 속일 수 있기 때문에, 진리를 탐구하는 과정에서 감각보다는 이성과 논리를 신뢰해야 한다는 주장과 연결된다. 좀 더 구체적으로 말하자면, 데카르트는 빛의 굴절과 착시 현상을 통해 '눈이 실제 사물을 있는 그대로 보지 못하며, 우리가 보는 것은 빛의 경로와 뇌의 해석에 의존한다'고 설명했다. 이는 그의 저서 『굴절광학La Dioptrique』에서 논의된 시각 이론과 관련이 있으며, 빛이 눈을 통과하며 굴절되는 방식이 시각적 착각을 일으킬 수 있음을 시사한다.

　이러한 관점은 철학과 과학의 경계를 허물며, 인간 인식의 본질에 대한 깊은 통찰을 제공한다. 우리는 눈으로 보고, 귀로 듣고, 손으로 만지는 것을 '현실'이라고 믿지만, 사실 우리의 감각은 외부 환경과 개인의 상태에 따라 달라질 수 있다. 뜨거운 물을 만진 후 미지근한 물을 접하면 차갑게 느껴지고, 같은 음식을 먹어도 배고플 때와 아닐 때의 맛이 다르게 느껴지며, 어둠 속에서 흔들리는 그림자는 괴물처럼 보이기도 한다. 이처럼 감각은 조건에 따라 왜곡되며, 그 자체로 객관적인 진실을 보여주지 않는다. 하지만 우리는 이러한 감각의 불완전성을 배웠으면서도 이를 절대적으로 신뢰하는 경향이 있다. 데카르트는 이러한 감각의 오류를 경계하며, 인간이 감각에 의존하는 한 진리에 도달할 수 없다고 보았다. 그래서 그는 감각적 경험을 무조건적으로 받아들이기보다, 철저한 이성과 논리를 통해 검증하는 과정이 필요하다고 주장했다. 그의 방법적 회의는 모든 기존의 믿음을 의심하는 데서 출발하며, 감각이 제공하는 정보 역시 예외가 아니었다. 그는 오직 논리적 사고를 통해서만 확실한 지식에 도달할 수 있으며, 감각적 경험은 이성의 검토를 거쳐야만 신뢰할 수 있다고 보았다. 우리가 감각에만 의존한다면 착각과 오류에서 벗어나지 못할 것이며, 진정한 지식에 도달하는 것이 불가능해질 것이다. 이성은 감각의 한계를 보완하는 역할을 하며, 단편적인 인식 대신 보다 정제된 이해를 가능하게 한다.

결국, 데카르트의 철학은 감각을 절대적인 것으로 받아들이지 않고, 이성을 통해 감각이 제공하는 정보를 검토하고 분석하는 태도를 가져야 한다는 점을 강조한다. 우리가 감각을 맹신하는 순간, 진리를 놓칠 가능성이 커진다는 것이다. 그러므로 우리는 감각에 의존하기보다, 이성을 활용하여 보다 논리적이고 확실한 지식을 추구해야 한다. 그럼에도 자신의 감각을 믿고 싶다면 오감이 얼마나 많은 착각을 일으키는지 적어 두겠다. 확인해 보길 바란다.

1. 시각(눈)

시각은 가장 많은 정보를 제공하지만, 착시에 쉽게 속는다. 대표적인 예시로 로터리 스네이크 착시 Rotating Snakes Illusion과 밀러-라이어 착시 Müller-Lyer Illusion가 있

다.

① 로터리 스네이크 착시 Rotating Snakes Illusion

특정한 패턴의 그림이 정지해 있음에도 불구하고 마치 회전하는 듯한 느낌을 받는 착시 효과이다. 이는 눈의 미세한 움직임과 대비된 색상의 배치로 인해 착각이 일어나는 것으로 알려져 있다.

② 뮐러-라이어 착시 Müller-Lyer Illusion

화살표 형태의 선분이 있으면, 같은 길이의 선이라도 끝이 안쪽을 향한 선이 더 짧아 보이고, 바깥쪽을 향한 선이 더 길어 보이는 착시 현상이다. 이는 우리 뇌가 선의 방향과 공간적 맥락을 다르게 해석하기 때문으로 추정된다.

2. 청각(귀)

청각도 상황에 따라 잘못된 정보를 줄 수 있다. 흔히 말해 '착청'이라고 하는데, 이는 청각의 착각으로, 귀와

뇌가 소리를 인식하는 방식 때문에 실제 나지 않는 소리가 들리는 것처럼 착각을 일으키는 경우를 말한다. 청각은 시각 이상으로 착각을 일으키기 쉬운 감각이다. 대표적인 예시로 맥거크 효과McGurk Effect와 다이애나치 효과Diana Deutsch's Tritone Paradox가 있다.

① 맥거크 효과McGurk Effect

동일한 소리를 들려주더라도, 보는 입 모양에 따라 다르게 들리는 현상이다. 예를 들어 "바Ba" 소리를 들으면서 "가Ga" 소리를 내는 입 모양을 보면, "다Da" 소리로 인식될 수 있다.

② **다이애나치 효과** Diana Deutsch's Tritone Paradox

어떤 사람은 두 음을 상승하는 멜로디로 듣고, 다른 사람은 하강하는 멜로디로 듣는 현상이다. 개인의 언어적 배경과 음악적 경험에 따라 다르게 인식된다. 이러한 착청은 뇌가 감각 정보를 처리하는 방식에서 비롯되며, 특정 주파수 패턴, 환경적 요소, 개인의 인식 방식에 따라 달라질 수 있다.

3. 촉각

피부로 느끼는 감각도 상황에 따라 오해를 일으킨다. 촉각을 착각한 대표적인 예시로 온도 감각 대비 현상 Thermal Adaptation with Contrast Effect과 필로우 감각 착각 Phantom Limb Sensation이 있다.

① **온도 감각 대비 현상** Thermal Adaptation with Contrast Effect

손을 얼음물에 넣고, 다른 손을 따뜻한 물에 넣은 후
두 손을 함께 모으면, 미지근한 온도임에도 불구하고
뜨겁거나 차갑게 느껴지는 현상이다.

② **필로우 감각 착각** Phantom Limb Sensation

팔이나 다리를 절단한 환자가 여전히 사지의 촉감을
느끼는 현상. 실제로 존재하지 않는 신체 부위에서 가
려움, 통증 등을 느낄 수 있다.

4. 후각

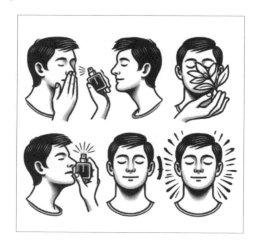

후각도 많은 착각을 일으킨다. 대표적인 예시로 후각 피로olfactory fatigue 현상과 후각 환각Phantom Smell 현상이 있다.

① 후각 피로olfactory fatigue 현상

처음 향수를 뿌렸을 때는 향이 강하게 느껴지지만 시간이 지나면 잘 인식하지 못하게 되는 현상. 하지만 다른 사람이 맡으면 여전히 향이 남아 있다. 쓰레기장에서도 흔히 겪는 일이다. 처음에는 악취가 강하게 느껴지지만, 일정 시간이 지나면 그 냄새에 적응하여 더 이상 심한 냄새로 인식되지 않는다.

② 후각 환각 Phantom Smell 현상

어떤 냄새도 존재하지 않는데 특정한 향기를 맡는 착각을 경험하는 현상이다. 예를 들어, 화재가 나지 않았음에도 불구하고 연기 냄새를 맡거나, 주변에 꽃이 없는데 꽃향기를 감지하는 경우다. 이는 뇌의 후각 관련 신경이 잘못된 신호를 보내거나, 신경 손상으로 인해 발생할 수 있다.

5. 미각

미각도 배고픔이나 건강 상태, 음식의 온도에 따라 크게 달라진다. 도대표적인 예시로 미러클 베리 효과 Miracle Berry Effect와 온도에 따른 단맛 착각이 있다.

① 미러클 베리 효과Miracle Berry Effect

　미러클 베리Miracle Berry라는 열매를 먹으면 신맛이 단맛으로 느껴지는 착각을 경험할 수 있다. 이 열매에는 미라쿨린Miraculin이라는 단백질이 포함되어 있는데, 이는 혀의 단맛 수용체를 변형시켜 신맛을 단맛으로 착각하게 만든다. 레몬을 먹어도 사탕처럼 달콤하게 느껴지게 된다.

② 온도에 따른 단맛 착각

　같은 음식이라도 온도에 따라 맛이 다르게 느껴지는 착각 현상이 있다. 초콜릿을 차갑게 먹으면 덜 달게 느껴지고, 따뜻하게 녹이면 훨씬 더 단맛이 강해지는 현상이 대표적이다. 이는 온도가 높아질수록 단맛을 감지하는 미각 수용체가 더 민감하게 반응하기 때문이다.

"나는 여러 번 감각이 나를 속였다는 것을 알았다.
그렇다면, 그것들을 완전히 믿는 것은
지혜로운 일이 아니다."

Q.

당신의 선택에 대해
'왜 그런 결정을 했는지' 말할 수 있는가?

Chapter. 04

나를 이해하는
질문들

René Descartes

001

왜 나는 늘
생각이 많은 걸까

우리는 이미 결론을 내린 일인데도 다시 들여다보고 또 다른 가능성을 상상할 정도로 생각이 많다. 때로는 아무 일도 일어나지 않았음에도 사소한 말 한 마디를 며칠 동안 곱씹기도 한다. 도대체 왜 우리는 이렇게 생각이 많을까? 첫 번째 이유는 불확실성에 대한 본능적인 불안 때문이다. 사람은 미래를 예측하고 스스로의 삶을 통제하고 싶어 한다. 하지만 세상은 예측대로 흘러가지 않는다. 그래서 우리는 가능한 모든 시나리오를 떠올려 보며 미리 대비하려 한다. 또 하나의 이유는 '후회하지 않기 위한 마음'이다. 우리는 과거의 실수를 떠올리며, 그때의 어려움이 다시 반복되지 않도록 본능적으로 경계하게 된다. 그래서 실수를 되풀이하지 않기 위해 다음 선택을 더욱 신중하게 하려 한다. 하지만 그 신중함이 지나치면, 하나의 결정을 두고도 마음속에서 수십 번 고민하게 된다. 잘하려는 마음이 오히려 우리를 '생각의 미로'에 가두는 셈이다. 완벽하고 싶은 욕구는 생각을 더 복잡하게 만든다. 실수 없이, 후회 없이, 누구에게도 상처 주지 않으면서 좋은 결론을 내고 싶은 마음이 클수록 판단은 느려지고, 생각은 깊어진다. 하지만 모든 상황에 완벽한 선택이 존재하는 것은 아니다. 그럼에도 일을 마치고 침대에 누웠을 때, 문득 하루를 되돌아보며 '그때는 이렇게 했어야 했는데' 하고 후회하는 자신을 발견하곤 한다. 하루 동안 느낀 힘든 감정을 되새기며, 스스로에게 더욱 엄격한 기준을 세우기도 한다. 특히 자기 인식이 높은 사람일수록 생각이 많다. 자신을 자주 돌아보고, 타인의 감정을 민감하게

느끼며, 하나의 일에서도 다양한 의미를 찾아내는 사람
이다. 이러한 사람은 깊은 사유의 능력을 지녔지만, 동
시에 마음속에서 끊임없이 자신과 대화를 나누는 사람
이기도 하다. 그 깊은 사고력은 때로는 큰 힘이 되지만,
때로는 무거운 짐이 되기도 한다.

데카르트는 《방법서설》에서 모든 것을 의심하는 방
법적 회의를 강조했지만, 궁극적으로는 명확하고 분
명한 근거를 바탕으로 확실한 지식에 도달해야 한다
고 주장했다. 즉, 무한한 의심이 아닌, 논리적으로 검증
된 지식에 도달하는 것을 목표로 했다는 것이다. 끊임
없는 의심과 복잡한 사고가 반드시 더 나은 결정을 의
미하는 것은 아니라는 말이다. 이는 우리의 일상에서도
쉽게 확인할 수 있다. 중요한 결정을 앞두고 여러 가능
성을 고려하다 보면, 오히려 아무 선택도 하지 못하는
상황에 놓일 수 있다. 이른바 '선택의 역설'이라 불리는
현상으로, 너무 많은 선택지가 주어질 때 오히려 결정
이 어려워지는 것이다. 실제로 2000년, 심리학자 쉐나
아이엔가Sheena Iyengar와 마크 레퍼Mark Lepper는 마트에

서 30가지 잼이 진열된 경우보다 6가지 잼만 있을 때 사람들이 더 쉽게 선택하고 만족도도 높았다는 사실을 밝혀냈다. 우리가 수많은 생각을 반복하는 것도 이와 같다. 더 나은 선택을 하려는 마음에 경우의 수를 끝없이 따지지만, 그 결과 오히려 스스로를 옭아매게 된다. 복잡한 사고에 빠져 결정을 내리지 못하는 것은 결국 삶을 정체시키는 요인이 된다. 고민만 하다 아무런 행동도 하지 않으면, 현실의 문제는 결코 해결되지 않는다. 깊이 생각하는 자세도 중요하지만, 더 중요한 것은 필요한 순간 결정을 내리고 행동으로 옮기는 일이다. 우리가 앞으로 나아가기 위해서는 지나친 고민에 갇혀 머뭇거리기보다, 명확한 사고로 본질을 파악하고 결단력 있게 나아가야 한다. 생각이 많아지는 순간, 가능한 모든 경우의 수를 고려하기보다 가장 명확한 것부터 선택하며 결론을 내려보기를 바란다.

**"내가 분명히 참이라고 인식하지 않는다면,
그 어떤 것도 참으로 받아들이지 않겠다."**

002

나를 속이는
너는 누구인가

어떤 사람들은 일이 잘못되었을 때 "돈이 없어서", "네가 이렇게 하라고 해서"라는 식으로 말하며 책임을 전가하곤 한다. 이들은 무언가 잘되지 않았을 때, 원인을 외부에서 찾으려는 경향이 크다. 이에 대해 데카르트는 우리가 스스로를 속이고 있다고 보았다. 그는 감각과 경험이 종종 우리를 기만할 수 있다고 지적하며, 진리를 탐구하기 위해서는 개인의 편견과 잘못된 믿음을 제거해야 한다고 강조했다. 즉, 자연은 그저 있는 그

대로의 법칙을 따를 뿐이며, 이를 잘못 해석하는 것은 결국 우리의 사고방식에 달려 있다는 것이다. 예를 들어, 어떤 사람이 건강을 유지하고 싶다고 말하면서도 매일 불규칙한 생활을 하고 운동을 하지 않는다면, 건강이 나빠지는 것은 어찌 보면 당연한 일이다. 그런데도 그는 '유전자가 안 좋아서 그렇다'거나 '원래 체질이 이렇다'며 현실을 외면하곤 한다. 물론 건강에 유전적인 요인이 일정 부분 영향을 미치는 것은 사실이지만, 실제로는 올바른 생활 습관과 꾸준한 관리가 훨씬 더 큰 영향을 미친다는 것이 과학적으로 입증된 사실이다.

그럼에도 불구하고 누군가는 여전히 남 탓, 환경 탓을 하며 스스로를 합리화한다. 하지만 그런 태도로는 결코 발전적인 사람이 될 수 없다. 데카르트의 말처럼, 잘못된 해석은 결국 우리의 사고방식에 달려 있다는 점을 인식해야 한다. 이러한 태도는 인간관계를 포함한 다양한 영역에서도 나타난다. 예를 들어, 연인이나 가족, 친구 등 가까운 이들이 분명한 말과 행동으로 신호를 보내고 있음에도 불구하고, 그것을 애써 부정하거나 자신이 원하는 방향으로만 해석하려는 경우가 있다. 자신이 편한 대로만 받아들이는 태도는 결국 관계를 망치게 된다. 관계의 기본은 존중이며, 이를 표현하는 가장 기초적인 방법은 '행동'이다. 그런데도 상대에게 최소한의 존중조차 하지 않으면서, "이해해 주겠지", "그래도 날 떠나진 않겠지"라는 식으로 자기합리화를 하는 사람이 있다. 하지만 누군가가 나를 때리면 미워지는 것이 당연하고, 내가 싫어하는 행동을 반복한다면 관계가 멀어지는 것도 자연스러운 일이다. 그럼에도 자신의 잘못된 행동을 인정하기보다, 과거의 추억이나 본인이 베풀었던 일을 내세워 상대의 반응을 무마하려한다면, 그 관계는 결국 돌이킬 수 없게 된다. 진정한 관계는 과거의 은혜로 유지되는 것이 아니라, 현재의 존중과 이해 위에서 지속되는 것이다.

타인이 나를 속이는 것이 아니라, 내가 스스로를 합리화하고 있다는 사실을 알면서도 외면하고 있지는 않았는지 돌아봐야 한다. 명확한 사고를 위해서는 편견과 감정을 배제하고, 있는 그대로를 바라보는 태도가 필요하다. 보고 싶은 것만 보는 것이 아니라, 사실을 있는 그대로 받아들이고 이성적으로 판단할 때 우리는 더 나은 선택을 할 수 있다. 자연은 그저 존재할 뿐이며, 그 안에서 어떤 의미를 찾고 어떻게 행동할지는 결국 우리의 몫이다. 물론 불편한 현실을 인정한다고 해서 모든 일이 순조롭게 흘러가는 것은 아니지만, 외면한다고 해서 상황이 나아지는 것도 아니다. 중요한 것은 현실을 있는 그대로 직시하고, 해결책을 찾기 위해 행동하는 것이다. 그것이 인생에 큰 도움이 된다. 일이든 관계든, 스스로를 속이지 않고 진실을 마주하는 용기가 필요하다. 그리고 그 용기는 우리의 삶을 더욱 단단하고 성숙하게 만들어줄 것이다. 이제는 현실을 직면할 용기를 갖자.

"나는 지금까지 내가 받아들인 많은 것이 거짓이었다는 것을 깨달았고, 그랬기에 내가 세웠던 모든 체계가 의심스러웠다."

003

이성의
관점에서 본 자유

데카르트는 자유에 대해 직접적으로 많은 논의를 펼치진 않았지만, 그의 철학적 원칙을 살펴보면 인간은 이성을 통해 자신을 통제할 수 있으며, 이를 통해 진정한 자유를 얻을 수 있다고 보았다. 즉, 자유란 단순한 충동적 행동이 아니라, 깊이 있는 사고와 신중한 결정을 동반할 때 비로소 얻을 수 있는 것이다. 우리는 종종 자유를 '내 마음대로 선택할 수 있는 권리'로 여기지만, 그에 따른 책임은 간과하는 경우가 많다. 예를 들어

재택근무를 한다고 가정해보자. 집이든 카페든, 원하는 공간에서 자유롭게 일할 수 있는 선택권이 주어질 것이다. 하지만 그만큼의 자유가 주어졌다면, 하루치 업무를 반드시 끝내야 한다거나, 일을 끝내지 못했을 경우 그에 따른 결과에 대한 책임도 함께 져야 한다. 이처럼 자유는 단순히 '하고 싶은 대로 하는 것'이 아니라, 자신의 선택이 불러올 결과를 감당할 수 있을 때 비로소 말할 수 있는 개념이다. 진정한 자유는 책임과 함께할 때 완성된다.

자유와 책임의 관계는 사회적 맥락에서도 매우 중요하다. 현대 사회에서 우리는 다양한 권리를 누리고 있지만, 동시에 그 권리를 올바르게 행사해야 할 의무도 함께 지닌다. 표현의 자유가 있다고 해서 타인을 무분별하게 비난하는 것이 정당화되는 것은 아니듯, 개인의 자유 또한 도덕적이고 윤리적인 책임과 균형을 이뤄야 한다. 데카르트의 철학에서는 진정한 자유로운 존재는 이성을 바탕으로 자신의 행동을 조절하고, 그 결과에 대한 책임을 다할 때 더욱 의미 있는 존재가 된다.

개인이 삶을 주체적으로 살아가려면, 자신의 선택에 대한 책임을 분명히 인식해야 한다. 또한 삶에 대한 모든 결정은 깊이 있는 사고를 바탕으로 이루어져야 한다. 결국 자유란, 책임을 동반할 때 비로소 더욱 가치 있는 의미를 지닌다.

진정한 자유는 단순한 충동이나 욕망을 따르는 것이 아니라, 신중한 선택과 그에 따른 책임을 온전히 감당하는 데에서 비롯된다. 그것이야말로 이성적이고 현명한 삶의 태도라 할 수 있다. 만약 우리가 진심으로 자유를 원한다면, 그에 따르는 책임을 기꺼이 받아들이는 자세부터 갖추어야 할 것이다.

**"우리의 의지는 매우 넓고 자유롭기 때문에,
이성이 그것을 잘 이끌어야 한다."**

나의 인생은
운명대로 흘러가는 것일까

'인간을 포함한 모든 것을 지배하는 초인간적인 힘, 또는 그에 의해 이미 정해져 있는 목숨이나 처지' 우리는 이것을 '운명'이라고 부른다. 실제로 일상 속에서도 운명이라 여겨질 만한 일들이 종종 일어나며, 이를 통해 많은 사람들이 운명의 존재를 믿게 되기도 한다.

하지만 데카르트는 인간이 이성적 사고를 통해 자신의 길을 스스로 개척할 수 있다고 보았다. 우리의 삶은 이미 정해진 것이 아니라, 우리가 사고하고 선택한 것들이 쌓여 만들어지는 것이다. 매일 반복되는 사소한 행동과 결정들이 '나'라는 존재를 형성하고, 결국 우리의 삶을 빚어간다. 똑같은 상황에서도 어떤 사람은 후회 없이 앞으로 나아가고, 또 다른 사람은 머뭇거리며 기회를 놓친다. 후회하는 사람과 그렇지 않은 사람의 차이는 운이 아니라, 선택의 순간에 어떤 태도를 가지느냐에 달려 있다. 실패를 배움의 기회로 받아들이는 사람은 한 걸음 더 나아가지만, 실수를 두려워하는 사람은 주저하게 된다. 출근길에 인사를 건넬지 말지, 오늘 하루를 어떤 태도로 보낼지, 어려운 상황에서 한 발짝 나아갈지 머물러 있을지. 이 모든 사소한 선택들이 모여 우리의 삶을 구성한다. 선택의 순간마다 우리는 스스로에게 책임져야 하며, 책임질 용기를 가진 사람이야말로 기회를 붙잡고 자신의 목표에 다가설 수 있다. 그리고 그 모든 선택은 결국, 우리가 어떤 사람인지, 그리고 어떤 삶을 살아가고 있는지를 보여준다.

일상에서 흔히 볼 수 있는 포스트잇은 원래 강력한 접착제를 개발하려던 과정에서 우연히 탄생한 발명품이다. 전자레인지는 한 연구원이 레이더 장치 부품 중 하나인 '마그네트론' 근처에서 휴식을 취하다가 초콜릿이 녹는 것을 보고 착안해 개발되었다. 어떻게 보면 모두 우연처럼 보일 수 있다. 하지만 처음부터 그 아이디어를 상품으로 만들겠다고 선택하지 않았다면, 이 제품들은 세상에 나올 수 없었을지도 모른다. 결국 중요한 것은 선택 이후 그것을 어떻게 받아들이고, 어떤 교훈을 얻느냐에 달려 있다. 같은 경험을 하더라도 긍정적으로 받아들이는 사람은 성장하지만, 부정적으로만 해석하는 사람은 제자리에 머물게 된다. 선택에는 정답이 없다. 물론 선택을 할 때 흔들릴 수 있지만, 그 과정에서 점점 더 단단한 사람이 되어가면 된다. 완벽한 선택을 하려는 부담에서 벗어나, 오늘 내가 할 수 있는 최선을 다해 선택하고 하루를 살아가보자. 그 선택이 나를 조금이라도 더 나아지게 만든다면, 그것만으로도 충분하다.

삶은 미리 정해진 것이 아니라, 내가 만들어가는 것이다. 중요한 것은 두려움 속에서도 한 걸음 내딛는 용기이며, 선택을 후회하지 않겠다는 다짐이다. 데카르트는 인간이 이성적 사고를 통해 자신과 세계를 이해하고, 삶을 개척해나갈 수 있다고 보았다. 운명을 탓하기보다, 스스로 생각하고 선택하며 앞으로 나아가는 삶을 살아가길 바란다.

**"나는 스스로 가장 좋은 길을 찾기 위해
의지와 이성을 사용하기로 결심했다."**

내가 나를 지키기 위해
포기해야 할 것들

데카르트의 철학을 깊이 들여다보면, 때로는 '포기함으로써' 오히려 자신을 지킬 수 있다는 깨달음에 이르게 된다. 그는 진리에 도달하기 위해 모든 것에 의문을 제기하고, 확실하지 않은 것은 잠정적으로 내려놓는 태도를 취했다. 감각은 종종 착각을 일으킬 수 있기 때문에, 데카르트는 우리가 눈으로 본다고 해서 반드시 진실을 보는 것은 아니라고 보았다. 무언가를 지키기 위해서는 먼저 그것이 정말로 필요한 것인지 검토하고,

그렇지 않다면 과감히 버릴 줄도 알아야 한다는 것이 그의 입장이었다. 기존의 확신과 익숙한 습관을 내려놓는 용기. 바로 그것이 그가 말한 이성적인 삶의 출발점이었다.

우리는 살아가며 너무 많은 것을 움켜쥐려 한다. 타인의 인정, 완벽한 선택, 모두에게 이해받고자 하는 욕구까지. 그러나 이러한 것들을 놓지 못하면, 우리는 쉽게 흔들리게 된다. 사소한 실수에 자책하고, 말 한마디에 하루가 무너져버리기도 한다. 이처럼 우리를 불안하게 만드는 것은 바로 우리가 쥐고 놓지 못하는 '기대'와 '두려움'이다. 이성은 우리에게 말한다. 정말 중요한 것을 지키고 싶다면, 그것들을 과감히 내려놓아야 한다고. 모두에게 사랑받을 필요는 없다. 내 의도를 일일이 설명하지 않아도 괜찮다. 인생은 0에서 시작해 0으로 끝난다. 그렇기에 다 가져가려면 자연의 법칙에 맞지 않아 나만 힘들게 된다. 그래서 나이를 들수록 더하는 연습보다 빼는 연습을 해야 한다.

완벽함을 내려놓으면 여유가 생기고, 기대를 내려놓

으면 고마움이 생기며, 질투를 내려놓으면 나다움이 드러난다. 집착을 내려놓으면 오히려 더 많은 선택지가 생긴다. 나를 무겁고 불편하게 하는 것들을 내려놓으면, 그 빈자리는 낙천적이고 긍정적인 마음으로 채워질 수 있다. 우리는 마음속 짐을 잠시 내려놓고, 나를 괴롭히는 기준들을 다시 정비할 필요가 있다. 진정으로 중요한 것은 감정이나 자존감을 흔드는 외부의 요소들이 아니라, 그런 외부에 쉽게 휘둘리지 않고 중심을 지킬 수 있는 내면의 힘이다.

현명하게 나를 지킨다는 건, 때로는 한 걸음 물러서고, 즉각 반응하지 않으며, 거리를 둘 줄 아는 태도다. 내려놓는 것은 결코 손해가 아니라, 오히려 삶을 단순하고 명료하게 만드는 지혜다. 끝까지 쥐고 있으려 하지 말고, 더 이상 필요하지 않은 것은 과감히 놓아보자. 집 안에서도 쓸모없는 물건을 버려야 공간이 깨끗해지듯, 마음도 마찬가지다. 예전의 추억이 담긴 물건이라 해도, 그저 오래되었다는 이유로 쌓아두기만 하면 결국 내가 쉴 공간조차 사라지게 된다.

우리의 삶을 위해, 무엇을 내려놓아야 하는지 찬찬히 생각해 보자. 내려놓아야 할 것을 분명히 알게 될 때, 우리는 비로소 더 가볍고 자유로운 삶을 살 수 있다. 데카르트가 의심 속에서 확실함을 찾았듯, 우리 또한 내려놓음 속에서 진짜 '나'를 발견할 수 있을 것이다.

"나는 모든 판단을 유보하기로 결심했다.
무엇이 진실인지 알 수 없을 때,
그 무엇도 확신해서는 안 된다."

Q.

진짜 나답게 살기 위해,
지금 내려놓아야 할 건 무엇일까?

Chapter. 05

삶을 선택할 때
지켜야 할 기준

René Descartes

욕망을
가진 것에 맞춰라

　욕망은 인간이 살아가는 데 필수적인 요소다. 욕망이
있기에 우리는 더 나은 삶을 꿈꾸고, 무언가를 원하며
목표를 세운다. 하지만 욕망이 지나치면 오히려 독이
될 수 있다. 데카르트는 욕망을 조절하는 것이 삶의 만
족을 찾는 중요한 방법이라고 보았다. 그는 욕망 자체
를 부정하지 않았다. 오히려 욕망은 인간을 앞으로 나
아가게 하는 원동력이 될 수 있다고 보았다. 그러나 욕
망이 통제되지 않거나 현실과 조화를 이루지 못하면,

끝없는 결핍과 좌절을 초래할 수 있다고 경고했다. 더 나은 사람이 되기 위해, 우리는 이러한 데카르트의 철학을 삶에 적용해 볼 필요가 있다.

사람들은 더 많은 것을 가질수록 행복해질 것이라 믿는다. 그러나 새로운 것을 얻고 나면, 또다시 더 많은 것을 원하게 되는 것이 인간이다. 더 좋은 직장, 더 큰 집, 더 많은 돈을 원한다. 하지만 그것들을 모두 얻었을 때 진정한 만족을 느끼지 못한다면, 과연 그 욕망을 채우는 일이 의미가 있을까? 그래서 데카르트는 환경을 바꾸기보다 자신의 마음을 조절하는 것이 더 효과적인 해결책이라고 보았다. 우리가 통제할 수 없는 외부 조건에 기대기보다는, 스스로 만족할 수 있는 기준을 세우는 것이 중요하다는 것이다.

그렇다면 우리는 어떻게 욕망을 조절하고, 더 만족스러운 삶을 살아갈 수 있을까?

1. 비교에서 벗어나기

한때 부탄은 세계에서 가장 행복한 나라 중 하나로

꼽혔다. 이는 '국민총행복GNH·Gross National Happiness'이라는 개념을 도입해, 물질적 성장보다 정신적·공동체적 행복을 중시하는 정책을 펼쳤기 때문이다. 하지만 최근 조사에 따르면, 인터넷과 SNS의 확산으로 외부 세계와의 비교가 늘어나면서 부탄의 행복지수는 오히려 하락한 것으로 나타났다. 과거에는 공동체 중심의 삶 속에서 비교 대상이 제한적이었지만, 이제는 글로벌한 기준과 이상적인 삶의 모습이 쉽게 공유되면서 상대적 박탈감을 느끼는 사람들이 많아지고 있다. 이는 오늘날 우리의 삶에 매우 중요한 교훈을 던져준다.

우리는 때때로 타인과 자신을 비교하며 불필요한 욕망을 키운다. SNS에서는 대부분 자신의 가장 빛나고 행복한 순간을 기록하거나 자랑하기 위해 사진과 글을 올린다. 하지만 그것을 보며 현재의 나와 비교하는 것은, 타인의 하이라이트 장면과 나의 비하인드 씬을 비교하는 것과 다름없다. 무엇보다 우리가 기억해야 할 점은, 그들의 삶에도 분명 고민과 어려움이 존재한다는 사실이다. 예를 들어, 여행 유튜버들을 보면 자유롭게 여행하며 돈을 버는 모습이 마냥 행복해 보일 수 있다. 하지만 그 영상 속 주인공이 되었다고 상상해 보면, 여행 내내 팔이 아프도록 카메라를 들고 있어야 하고, 걸어가는 장면 하나를 찍기 위해 미리 카메라를 설치한 후 다시 돌아가야 하는 수고로움이 따른다. 게다가 처음에는 시행착오와 자본이 필요하고, 이후에는 영상 편집까지 직접 해야 하니 결코 만만한 일이 아니다. 이처럼 겉으로 보기에는 화려해 보여도, 실제로는 누구에게나 쉽지 않은 삶의 무게가 있다. 세상에 완전한 행복이란 없으며, 장점이 있으면 반드시 단점도 존재하는 것이 인생의 이치다. 그렇기에 굳이 남들의 좋은 모습만 보고 부러워할 필요는 없다.

남들과 자신을 비교하며 삶을 과소평가하는 순간, 우리는 만족을 잃고 끊임없이 더 많은 것을 갈망하게 된다. 그러나 비교를 멈추고, 지금의 나와 삶을 있는 그대로 받아들이며 일상에 만족할 수 있다면 삶의 질은 분명 더 높아질 수 있다. 비교에서 벗어나고 싶다면, 타인의 삶을 부러워하기 전에 내가 진심으로 원하는 것이 무엇인지, 그리고 그것이 내 삶을 더 나아지게 만드는 일인지 깊이 들여다보아야 한다. 진정한 만족은 외부 환경이 아니라 내 마음에서 비롯된다.

마음이 힘들면 아무리 좋은 일이 있어도 기쁨을 느끼기 어렵고, 반대로 마음이 평온하고 행복하면 어려움이 찾아와도 비교적 쉽게 넘길 수 있다. 그렇기에 비교를 멈추고, 나만의 속도와 방식으로 살아가는 태도가 중요하다. 남이 아닌, 나 자신만의 기준으로 삶을 살아갈 때 우리는 비로소 진정한 행복을 찾을 수 있다는 사실을 기억하자.

2. 욕망을 분명하게 정리하기

살다 보면 간절히 바라는 무언가가 생기기 마련이다. 하지만 그 간절함이 정말 나로부터 비롯된 것인지, 아니면 세상이 정해놓은 틀에 나를 맞추려다 생긴 왜곡된 갈망인지 구분하기는 쉽지 않다. 욕망은 내면에서 자연스럽게 솟아오르는 듯 보이지만, 실제로는 외부의 자극과 비교 속에서 스며든 경우가 많기 때문이다. 이 욕망의 정체를 정확히 판단하기 위해서는, 데카르트가 감각조차 의심했던 것처럼 욕망의 출처를 철저히 들여다볼 필요가 있다. 누군가의 인정을 받고 싶은 마음, 뒤처지지 않으려는 불안, 비어 있는 무언가를 채우고 싶은 초조함, 이런 감정들이 만들어낸 욕망은 결국 나를 더 지치게 할 뿐이다. 욕망을 정리한다는 것은 본질을 되묻는 철학적 행위다. "나는 왜 이것을 원하는가?"라는 질문은 데카르트가 존재의 근거를 탐구했던 태도와 닮아 있다. 이 질문을 반복하다 보면, 겉으로 드러나는 욕망 뒤에 숨겨진 진짜 내면의 욕구를 발견하게 된다. 그렇게 되었을 때 우리는 의미 없는 욕망에 휘둘리지 않고, 나만의 중심을 세운 채 살아갈 수 있게 된다.

삶은 끊임없는 선택의 연속이다. 하지만 그 선택의 기준이 내가 아닌 외부에 있다면, 결국 타인의 인생을 사는 것과 다르지 않다. 나의 삶을 살기 위해서는 먼저, 내 욕망이 어디에서 비롯된 것인지부터 알아야 한다. 특히 연애나 소비 습관처럼 일상 속에서 쉽게 드러나는 욕망은 더욱 주의 깊게 들여다볼 필요가 있다. 예를 들어, 방송이나 주변 사람들의 연애 모습을 보며 나도 연애하고 싶다는 생각이 들었을 때, 그것이 진짜 내 마음인지 의심해 볼 필요가 있다. 아무런 고민 없이 누군가를 만난다면, 결말은 둘 중 하나일 것이다. 일생의 인연을 만나거나, 일생의 교훈을 얻거나. 사람과 사람이 관계를 맺는 일은 결코 쉬운 일이 아니다. 의심 없이 시작된 관계는 현실에 부딪혔을 때 쉽게 무너지기 마련이다. 따라서 '내가 정말 이 사람과 사랑하고 싶은가?'라는 질문을 스스로에게 던져봐야 한다. 소비 습관도 마찬가지다. 유행하는 브랜드의 제품을 사고 싶어질 때, '이것이 정말 나에게 필요한 물건인가?'라고 자문해 보아야 한다. 단지 남들이 가지고 있기 때문이거나, 나도 없어 보이면 안 될 것 같다는 생각에 충동적으로 소비한다면, 잠깐의 만족은 남을지 몰라도 결국 후회로 이어질 가능성이 크다. 장을 보러 갈 때 배부른 상태로 가라는 말이 있다. 배가 고픈 상태에서 장을 보면 필요 이상의 음식을 충동적으로 사게 되기 때문이다. 이처럼 우리는 욕망을 채우기 전에, 그것이 정말 내가 원하는 것인지, 어디에서 비롯된 것인지 깊이 고민해 봐야 한다. 자신의 욕망을 명확하게 이해하는 순간, 우리는 불필요한 욕망에서 벗어나 진정 의미 있는 목표에 더욱 집중할 수 있을 것이다.

3. 현재를 바꾸기보다 생각을 바꾸기

욕망이 앞서면 현재를 소홀히 하게 된다. 현재를 소홀히 한다는 것은 같은 내일을 반복하는 것이다. 물론 목표를 향해 노력하는 것은 중요하다. 하지만 현재를 돌아보지 않고 오직 미래만을 바라본다면, 지금의 소중한 가치를 놓치게 된다. 행복은 지금 누릴 수 있는 것들을 볼 줄 아는 사람만이 가질 수 있는 특권이다. 우리가 원하는 미래는 거창한 목표에서 오는 것이 아니라, 오늘의 작은 순간들이 차곡차곡 쌓여 만들어지기 때문이다. 만약 현재를 소홀히 한 채 미래에만 몰두한다면, 기대한 미래가 찾아와도 만족하지 못할 가능성이 크다. 이런 말이 있다. "과거에 사는 사람은 우울할 것이고, 미래에 사는 사람은 불안할 것이다. 그러나 현재에 사는 사람은 행복할 것이다." 과거의 실수를 후회하고, 미래를 걱정하는 사이, 정작 가장 중요한 '지금'을 놓치고 있는 건 아닌지 돌아볼 필요가 있다. 우리가 원하는 것은 더 나은 미래지만, 그 미래를 만드는 것은 결국 지금 이 순간의 선택과 행동이다.

데카르트는 현실을 바꾸기보다, 우리의 사고방식을 바꾸는 것이 더 중요하다고 강조했다. 과거, 현재, 미래를 두고 '이게 옳은 선택일까?'라고 계속해서 고민하는 것보다, 사고 자체를 바꾸는 것이 더 낫다는 것이다. 과거와 현재, 미래를 소중히 여기고, 이미 가진 것들에 대해 감사하고 만족하는 태도를 배우는 것이 중요하다. 목표를 이루기 위해 돈이 필요하다고 해서 '왜 나는 돈이 없을까'라고 생각한다면, 스스로를 불행하게 만들 뿐이다. 과거를 돌아보며 '여태까지 나는 뭘 했지?'라고 자책하면 자존감이 낮아질 것이고, 현재를 보며 '내가 잘하는 게 뭐지?'라고 생각한다면 아무것도 시작하지 못할 것이다. 따라서 데카르트의 말처럼, 사고를 바꾸는 것이 중요하다. 내가 가진 것의 가치를 인식하고, 그것에 만족하는 태도가 필요한 것이다. 지금 가진 것에 감사하지 못하는 사람은, 더 많은 것을 가져도 결국 만족하지 못한다. 과거의 기억은 교훈으로 남기고, 현재 가진 것에는 감사함을 느끼며, 미래에 일어날 일들에 기대감을 품는 것이야말로 가장 현명한 삶의 태도다. 우리는 끝없는 욕망 속에서 살 수도 있고, 작은 것에 만족하며 현재를 즐길 수도 있다. 그 선택은 결국 자신의 몫이다. 이 글을 읽고 있는 당신에게 묻고 싶다. 당신은 지금, 욕망을 좇으며 살고 있는가? 아니면, 이미 가진 것에 만족하며 살고 있는가? 올바른 질문을 통해, 미래를 위해 현재를 희생하는 것이 아니라, 현재를 충분히 살아가며 더 나은 미래를 만들어가길 바란다.

"욕망이 지나치면, 현재의 행복을 망치게 된다."

002

세상을 정복하려 하기보다
자신을 먼저 정복하라

사람들은 편안한 인생을 위해 세상을 바꾸려 한다. 환경을 바꾸고, 타인을 설득하며, 외부 조건을 자신의 입맛대로 바꾸려 애쓴다. 그러나 데카르트는 그 방향을 정반대로 보았다. 그는 "세상을 정복하려 하기보다, 자신을 먼저 정복하라"고 말했다. 세상은 우리의 뜻대로 움직이지 않지만, 우리 자신의 내면은 노력과 이성을 통해 다스릴 수 있기 때문이다.

데카르트에게 인간은 '이성을 가진 존재'다. 여기서

이성은 단지 논리적으로 사고하는 능력이 아니라, 감정에 휘둘리지 않고 자신을 객관적으로 바라볼 수 있는 힘이다. 이 힘을 가진 사람은 세상이 아닌 자신의 내면에 기준을 두고 살아간다. 자신의 감정을 빠르게 알아차릴 수 있고, 불필요한 충동을 조절하며, 순간적인 유혹에 휩쓸리지 않는다. 물론 자신을 다스리는 일은 결코 쉽지 않다. 오랜 시간 쌓인 습관과 사고방식은 쉽게 바뀌지 않기 때문이다. 하지만 그 어려운 길을 걷는 사람만이 진정한 자유에 다가설 수 있다.

데카르트에게 자유란 '원하는 대로 행동하는 것'이 아니다. 자신의 이성에 기반해 올바른 판단을 내릴 수 있는 상태를 의미한다. 즉, 외부 조건이 완벽히 갖춰졌을 때가 아니라, 불완전한 환경 속에서도 자신의 기준을 지킬 수 있을 때, 비로소 진정한 자유를 누릴 수 있다고 그는 보았다. 그래서 내면이 단단한 사람은 외부 자극에 쉽게 휘둘리지 않는다. 타인의 말 한마디에 흔들리지 않고, 상황 변화에도 감정이 크게 요동치지 않는다. 그들은 조용히 자신을 돌아보며, 필요할 땐 멈추고, 다시 나아갈 때를 안다.

자기 자신을 다스릴 수 있을 때, 비로소 다른 이에게도 관용과 이해를 베풀 수 있는 여유가 생긴다. 자신조차 컨트롤하지 못하면서 세상을 바꾸겠다는 생각은 무모하다. 만약 당신이 성공하고 싶거나, 세상을 변화시키고 싶다면, 무엇보다 먼저 자신을 조절할 줄 아는 사람이 되길 바란다. 데카르트의 말처럼, 그 어떤 것보다 깊고 지속적인 힘은 자신을 이성으로 다스리는 데서 나온다. 자신을 다스릴 줄 아는 사람만이 진정한 자유를 누리고, 세상에 흔들림 없는 중심을 세울 수 있다. 우리가 바꿔야 할 가장 확실한 세계는, 바로 우리 안에 있다.

"내가 세상의 질서를 바꿀 수 없다면,
내 생각을 바꾸는 것이 더 이성적인 일이다."

003

이성의 관점에서 본 최고의 복수

살다 보면 불합리한 대우를 받거나 억울한 일을 겪을 때가 있다. 누군가 나에게 부당하게 대하면, 본능적으로 보복하고 싶은 감정이 들기 마련이다. 하지만 감정적으로 대응하는 것은 오히려 더 큰 문제를 초래할 수 있다. 진정한 복수를 원한다면, 감정을 앞세우기보다 이성적으로 바라보는 태도가 필요하다. 이성의 관점에서 본 진정한 복수란, 상대에게 화를 내거나 보복을 계획하는 것이 아니다. 오히려 자신을 성장시키고,

더 나은 삶을 살아가는 것이야말로 가장 강력한 응답이다. 스스로 발전하고 성취를 이루게 되면, 과거의 상처는 더 이상 나를 지배할 힘을 잃는다. 예를 들어, 누군가 "넌 공부를 못해서 절대 경찰이 될 수 없어"라고 말했다고 가정해 보자. 그때 즉각적으로 화를 내는 대신, 묵묵히 노력해서 경찰 시험에 합격한다면 그 결과 자체가 이미 충분한 대답이 된다. 합격 후, 경찰 제복을 입고 있는 자신의 모습을 마주할 때 예전의 그 말은 아마 기억조차 나지 않을지도 모른다. 더 이상 그 말이 나를 흔들 수 없기 때문이다.

이처럼 자신의 역량을 키우고, 더 나은 기회를 향해 나아가는 것이 현명한 방법이다. 억울했던 경험이 삶의 동기가 될 수는 있지만, 그것에 사로잡혀 사는 것은 그 사람의 말에 내가 놀아나는 꼴이 되는 것이다. 과거에 얽매여 복수를 계획하기보다는, 자신을 성장시키는 데 집중해 보자. 물론, 부당한 대우를 참기만 하라는 뜻은 아니다. 상황에 따라 정당한 대응은 필요하다. 그러나 그 감정이 삶 전체를 지배하게 두지 않는 것이 중요하다. 누군가의 부정적인 말에 갇혀 자신의 길을 잃어버린다면, 결국 그 말에 인생을 넘겨준 것이나 다름없다. 데카르트의 철학적 관점에서 보면, 우리의 삶은 우리가 어떤 방향을 선택하느냐에 따라 달라진다. 감정에 휘둘려 복수심에 사로잡히면, 인생은 복수라는 좁은 길을 따라가게 된다. 반면, 이성을 통해 감정을 조절하고 자신이 진정 원하는 삶을 향해 나아간다면, 인생은 내가 주도하는 방향으로 확장된다. 그것이 바로 진정한 승리이자 복수다. 당신은 더 나은 사람이 되고, 더 나은 삶을 살아가게 된다. 과거의 상처는 더 이상 당신을 붙잡지 못할 것이다. 정말 복수하고 싶다면, 원하는 바를 이루고 내가 옳은 길을 선택했다는 것을 보여주면 된다. 감정에 지배당하지 말고, 이성으로 보여주자. 나는 할 수 있는 사람이라는 것을, 그리고 당신의 말이 나의 인생에 아무런 영향조차 미치지 못한다는 것을 말이다.

"무엇이 우리를 움직이든,
그것의 방향을 생각의 힘으로 조정해야 한다."

내가 변하지 않는다면
새로운 질문을 해라

데카르트는 《철학 원리》에서 자연의 모든 물체가 정해진 방향과 속도로 움직인다고 보았다. 그는 "자연에 존재하는 물질은 외부 힘이 가해지지 않는 한, 계속 같은 운동을 유지한다"고 말했다. 이것이 바로 관성의 원리다. 사물이 한 방향으로 움직일 때, 특별한 방해가 없으면 계속 그 방향으로 나아간다는 개념이다.

이 원리는 우리의 삶에도 그대로 적용될 수 있다. 우리는 한 번 익숙해진 감정, 습관, 사고방식을 아무런 의심 없이 반복한다. 매일 비슷한 불평, 후회, 자책을 반복하며 스스로 묻는다. "나는 왜 항상 똑같은 실수를 반복할까?" 데카르트가 말한 물질의 운동처럼, 우리 마음의 운동도 계속 같은 방향으로 흘러가고 있을지도 모른다.

데카르트는 모든 것을 의심했다. "지금 내가 보고 있는 것이 진짜일까?" "내가 가진 생각은 온전히 내 것일까?" 이런 질문은 단순히 철학적 탐구를 위한 것이 아니라, 내 삶의 흐름을 실질적으로 바꿀 수 있는 질문이다. 관성이란 결국 멈추지 않고 지속되는 흐름이다. 그 흐름에서 벗어나려면 외부의 강력한 충격이나, 스스로 던진 날카로운 질문이 필요하다. "나는 지금 무엇에 휘말려 계속 이 방향으로 가고 있는 걸까?" "이 흐름을 멈추고 방향을 바꾸기 위해서 무엇을 의심해야 할까?"

철학은 바로 그런 질문을 통해 삶의 관성을 끊는 도구가 된다. 생각을 바꾸지 않으면 행동도 바뀌지 않고, 행동이 바뀌지 않으면 삶은 결국 같은 인생을 반복할 뿐이다. 데카르트의 말처럼, 세상은 움직이고 있고, 그

속에서 생각하는 인간은 그 움직임을 바라보며 방향을 조정할 수 있는 존재다. 삶이 반복된다고 느껴질수록 우리는 더욱 질문을 던져야 한다. 그 질문이야말로 우리가 스스로의 삶을 주도적으로 바꿀 수 있게 해주는 가장 강력한 철학적 행동이다. 지금부터라도 나의 삶을 새롭게 만들어 나갈 용기를 내보자.

"진리는 남이 대신 찾아줄 수 없다.
나는 나 스스로 생각하고 결심해야 한다."

Q.

당신은 지금 어떤 기준으로
자신의 삶을 정하고 있는가?

Chapter. 06

나도 나의 감정을
모를 때

René Descartes

감정은
억누를 대상이 아니다

감정적인 사람을 떠올릴 때, 흔히 판단이 흐리고 감정에 쉽게 휘둘리는 모습을 연상하게 된다. 그래서 감정은 이성적인 결정을 방해하고, 억누르거나 통제해야할 대상으로 여겨지기도 한다. 하지만 데카르트는 감정을 그렇게 보지 않았다. 그는 『정념론』에서 감정을 단순히 부정적인 요소로 치부하지 않고, 인간이 외부 자극에 반응할 때 자연스럽게 나타나는 영혼의 움직임으로 보았다. 감정은 인간 존재의 일부이며, 그것을 억지로 억누르는 태도는 오히려 인간성을 해치는 것이라고 생각했다. 또한 데카르트는 감정을 다스리는 방법으로 억압이 아닌, 이해와 분별을 강조했다. 감정을 없애려 하기보다는 그 원인을 분석하고, 그 감정이 우리의 판단과 행동에 어떤 영향을 미치는지를 살펴보는 것이 중요하다고 보았다. 예를 들어, 두려움은 우리가 위험에 빠지기 전에 대비하게 만들고, 슬픔은 소중한 관계의 의미를 다시 돌아보게 만든다. 이처럼 감정은 나름의 기능과 이유를 지니고 있기 때문에, 감정을 숨기기보다는 이해하고 해석하며 적극적으로 활용할 수 있어야 한다.

감정은 억누른다고 해서 사라지는 것이 아니다. 외면당한 감정은 우울증, 애정 결핍, 무기력증처럼 각기 다른 모습으로 결국 되돌아오게 되어 있다. 마음의 병이 생기는 이유 중 하나가 바로 이것이다. 감정은 억제하거나 외면할 대상이 아니라, 이해하고 해결해야 할 문제다. 억누른 감정은 사라지지 않고, 언젠가 다른 형태로 드러나 우리 삶에 병이 되어 돌아오기도 한다. 그래서일까. 데카르트는 이성의 역할이 감정을 몰아내는 데 있는 것이 아니라고 보았다. 그는 오히려 이성이 감정을 파악하고, 그것이 나에게 어떤 의미인지 명확히 인식하게 도와주는 역할을 한다고 보았다. 이성은 감정의 길을 밝혀주는 등불이지, 감정을 억누르는 족쇄가 아니다. 감정을 억누르는 사람은 스스로 잘 이겨내고 있다고 생각할 수 있지만, 실상은 자신과 소통하지 못하고 있는 것에 가깝다. 반면, 자신의 감정을 관찰하고 그 안에서 의미를 찾는 사람은 감정 표현이 더 풍부하며, 인간관계 또한 원만한 경향이 있다. 특히 한국 사회에서는 서양에 비해 감정을 표현하거나 이해하라고 가르치기보다는, "네가 장남이니까", "네가 어른이니까"라는 말로 참고 이겨내야 한다는 메시지를 많이 전달한다. 하지만 이것은 바람직한 방식이 아니다. 감정은 인간다움의 흔적이기 때문에 억누르거나 참아야 할 것이 아니라, 표현하고, 이해하고, 다룰 줄 알아야 하는 것이다. 그러니 감정을 억누르려 하지 말고, 그 감정을 들여다보고 이해하려는 노력을 해보자. 그렇게 알게 된 감정은 때로 나를 혼란스럽게 만들 수도 있지만, 또 다른 길을 비춰주는 안내자가 되어주기도 한다. 이제는 감정을 억누르려 하지 말고, 마주 보고, 해석하고, 받아들이는 용기를 내보자.

"정념은 영혼과 육체의 결합에서 생기는
자연스러운 움직임이다.
우리가 그것을 이해하게 될 때,
우리는 그것에 휘둘리지 않고 통제할 수 있다."

내가 화내는
진짜 이유는 무엇일까

살다 보면 화를 내고 난 뒤, "내가 왜 이렇게까지 예민했을까?" 하고 자책한 적이 있을 것이다. 혹은 상대방이 특별히 심한 말을 하지 않았는데도, 화가 나거나 짜증이 났던 순간도 있었을 것이다. 데카르트는 『정념론』에서 감정을 '영혼이 외부 자극에 반응하는 자연스러운 현상'이라고 설명했다. 여기서 중요한 점은, 우리가 겪는 감정이 외부 자극 그 자체가 아니라, 그것이 우리의 내부 상태와 어떻게 결합하는가에 달려 있다는 것이다. 같은 말을 들어도 누구는 웃어넘기고, 누구는 깊은 상처를 받는다. 이 차이는 그 말 자체보다, 그 말이 내 안의 어떤 감정을 건드렸는가에 달려 있다. 화를 예로 들자면, 타인이 던진 돌 자체가 문제라기보다, 그 돌이 떨어진 내 안의 '깊은 웅덩이'가 화의 본질이라고 볼 수 있다. 예를 들어, 누군가 "넌 왜 이것도 못 해?"라고 말했을 때 그 말은 단순한 지적일 수도 있다. 하지만 내가 이미 스스로를 자책하고 있었다면, 그 말은 폭탄처럼 작용해 내 안의 감정이 넘쳐흐르듯 터져 나올 수 있다. 즉, 그 말이 '진실'이기 때문이 아니라, 내가 이미 그 말을 믿고 있었기 때문에 상처가 되는 것이다. 그러나 화 또한 억지로 참는다고 해서 사라지지 않는다. 그래서 앞서 말했듯, 자신의 감정을 이해하려는 노력이 반드시 필요하다.

감정을 다스리는 첫걸음은, 그 감정이 왜 나타났는지를 물어보는 것이다. "나는 지금 왜 이렇게 흔들렸을까?", "그 말이 내 안의 어떤 상처를 자극했는가?"라고 물어보며 자신의 웅덩이를 건드리는 폭탄을 찾아야 한다. 억지로 밀어내는 감정은 언젠가 더 크게 돌아오지만, 이해받은 감정은 조용히 사라진다. 우리가 화를 낸다고 해서 나쁜 사람이 되는 건 아니다. 오히려 그 감정이 어디서 비롯되었는지를 들여다보는 태도야말로, 성숙한 사람이라는 증거다. 감정을 숨기지 말자. 다만 그것에 끌려가지 말고, 그 감정이 왜 생겼는지 의문을 품고 생각해 보는 사람이 되자. 화는 신호다. 나도 몰랐던 내 안의 이야기를 들려주는, 내면의 목소리다. 그 목소리에 귀 기울일 때, 우리는 비로소 절제된 삶을 살 수 있을 것이다.

"모든 정념(감정)은 본래 나쁜 것이 아니다.
다만, 그것을 잘못 사용하는 데 문제가 있을 뿐이다."

감정에 끌려가지 않고 이끌려면

감정은 누구에게나 찾아오지만, 그 감정에 끌려갈지, 이끌지는 온전히 자신의 선택이다. 감정을 이끈다는 것은 그 감정을 무시하거나 억누른다는 뜻이 아니다. 오히려 감정을 이해하고, 내가 원하는 방향으로 활용할 줄 아는 태도를 말한다. 예를 들어, 슬픔에 빠졌을 때 그 감정을 예술이나 글로 표현해 보는 사람은 슬픔을 새로운 의미로 전환하는 사람이다. 이처럼 감정은 억제해야 할 대상이 아니라, 잘 다룬다면 삶을 앞으로 이끄는 강력한 동력이 될 수 있다. 하지만 감정을 이끌기 위해서는 한 가지 중요한 전제가 필요하다. 바로, 자기 자신에 대한 깊은 이해다. 내가 어떤 상황에 민감한지, 어떤 말에 쉽게 상처를 받는지, 어떤 감정에서 자주 도망치는지를 알고 있는 사람만이 감정의 흐름을 읽고 다스릴 수 있다.

데카르트가 말한 '이성'은 차갑고 무미건조한 논리가 아니다. 그것은 오히려 자기 마음을 정직하게 바라볼 수 있는 맑은 시선에 가깝다. 이러한 시선은 감정을 배척하는 것이 아니라, 감정과 공존하며 삶을 더 깊이 이해하게 만든다. 감정을 이성적으로 다룰 줄 안다고 해서 무조건 좋은 사람이라는 뜻은 아니다. 정작 더 건강한 사람은 자기 안에서 일어나는 감정에 솔직하고, 그 감정을 이해하려는 자세를 가진 사람이다. 자신의 감정을 부정하지 않고 받아들일 줄 아는 사람은 흔들릴 수는 있어도 쉽게 무너지지 않는다. 이들은 감정을 억누르기보다 대화하고, 외면하기보다 해석하며, 도망치기보다 직면하려는 태도를 지닌다. 이처럼 감정을 곁에

두고 살아가는 사람은 타인에게도 관대하고, 자기 자신에게도 진심일 수 있다. 데카르트는 "가장 강하고 자유로운 영혼은 정념을 가장 잘 다스리는 사람"이라고 말했다. 감정을 억누르는 것이 아니라, 이해하고 품을 줄아는 사람. 그런 사람은 결국 자신의 삶도 주도적으로 이끌어갈 수 있는 단단함을 갖게 된다. 감정을 이끈다는 것은 곧 삶을 이끈다는 것이며, 그 출발점은 언제나 자신을 이해하려는 작은 노력에서 시작된다는 사실을 명심하자.

"가장 강한 영혼은,

정념(감정)을 가장 잘 다스리는 사람이다."

진정한 평온은
감정 위에 세워진다

　데카르트는 인간이 지배할 수 있는 유일한 것은 외부가 아닌 자신의 생각과 의지라고 말했고, 그 통제를 통해 얻는 상태를 진정한 평온의 근거로 보았다. 하지만 많은 사람들이 평온을 오해하곤 한다. 현실에서 '정적'은 거의 존재하지 않는다. 삶은 매일 전쟁 같고, 감정은 나도 모르는 사이 수십 번 오간다. 진정한 평온이란, 감정적인 상황이 닥쳤을 때 흔들릴 수는 있어도 중심을 잃지 않는 단단함이다. 그런데 평온을 단지 감정을 느끼지 않는 상태로 여기는 사람들은 억지로 감정을 억누르며 마음을 다잡으려 한다. 하지만, 그럴수록 되려 감정은 억눌린 채 더 자주, 더 강하게 떠오르게 된다.

감정을 참는 것이 능사는 아니다. 데카르트는 이성과 감정이 대립하는 것이 아니라, 이성이 감정을 안내할 수 있다고 믿었다. 감정이 올라올 때 그것을 들여다보는 이성, 왜 그런 감정이 생겼는지 자문하는 의식, 그리고 그 감정이 나를 어디로 이끄는지 성찰하는 태도. 이것이 평온의 실제 조건이다. 감정이 내게 무엇을 말해주는지 들으려는 태도에서 평온은 자라난다. 누군가에게 상처받기 싫어서, 누군가를 대하기 두려워서 회피하거나 도망치는 사람은 결코 평온을 느낄 수 없다. 특히 회피형 성향을 가진 사람들은 감정을 표현하지 않고, 속마음을 드러내는 것을 두려워하며 혼자 있는 시간을 지나치게 중요시한다. 상대가 가까워질수록 방어적으로 거리를 두거나, 갈등과 불편한 대화를 피하며 도망치려는 경향도 크다. 하지만 이런 회피는 결국 자신을 고립시키고, 더 큰 불편함을 만들게 된다. 회피형들이 불안한 삶에서 벗어나기 위해서는 감정을 피하지 않고 마주 보는 용기가 필요하다.

감정을 다스린다는 것은 단지 마음을 통제하는 기술이 아니라, 내 마음을 존중하는 태도이기도 하다. 자신의 마음을 존중할 줄 아는 사람은 그 마음을 기꺼이 바라볼 줄 아는 사람이다. 내가 내 마음을 존중하지 않는데, 남이 나의 마음을 존중해주기를 바라는 건 큰 착각이다. 우리를 지켜주는 것은 언제나 스스로의 의지다. 그러니 감정을 마주하고, 진정한 평온을 경험해 보길 바란다.

"감정을 제어하지 못하면,
그것은 우리를 혼란과 불안으로 끌고 간다.
그러나 잘 다스려진 감정은
우리 삶의 질서를 만들어준다."

Q.

당신은 어떤 감정에 너그러우며,
어떤 감정에 유난히 엄격한가?

Chapter. 07

타인을
어떻게 대해야 할까

René Descartes

001

세상에서 제일
어리석은 생각

사람과 사람 사이의 갈등은 내가 그를 바꿀 수 있다고 믿는 순간부터 시작된다. 가까운 사이일수록 우리는 상대방이 '더 나은 사람'이 되기를 기대하며, 조언하고, 때로는 무언의 압박을 한다. 하지만 타인의 행동이나 감정, 생각은 나의 소유물이 아니다. 데카르트는 "내가 통제할 수 있는 것은 오직 내 의지뿐"이라고 말했다. 내가 바꿀 수 있는 것은 오직 내가 타인을 받아들이는 방식뿐이다. 꼭 나쁜 의도가 아니더라도 "그렇게 하면 안 돼.", "왜 그렇게 못 되게 말해?"라는 말들로 타인을 바꾸려고 하는 것은 월권이다. 나쁜 의도가 아니더라도 그 말 안에는 나의 기준이 담겨 있기 때문이다. 사람마다 살아온 환경이 다르고, 생각하는 방식도 다르기에 타인을 내 기준에 맞춰 살게 할 수는 없다. 만약 누군가 나의 말에 영향을 받아 변했다면, 그것은 내 노력 때문이 아니라, 그 사람 스스로의 의지와 통찰 때문일 것이다. 내 기준을 강요하며 타인을 바꾸려는 태도는 이성의 경계를 넘어 통제하려는 시도가 되고, 상대는 불편함을 느끼며 갈등이 생기게 된다. 변화는 강요에 의해서 되는 게 아니라, 존중과 이해를 바탕으로 일어난다. 상대가 바뀌기를 원한다고 감정적으로 밀어붙일수록, 상대방은 마음의 문을 닫게 되어 있다. 그럴 때는 나의 기준에서 말하고 지적하기보다 스스로 깨달을 수 있는 여지를 주는 것이 훨씬 효과적이다. 타인은 나의 권한 밖에 있다는 사실을 기억하자. 바꾸려 하기보다, 이해하려는 태도로 접근해 보자. 나와 다른 방식으로 세상을 살아가는 사람들을 억지로 끌어당기기보다, 차이를 인정하고 거리를 유지하는 것이 성숙한 관계의 첫걸음이다. 그리고 그렇게 타인을 있는 그대로 받아들일 수 있을 때, 오히려 당신의 마음 그릇은 더 크고 깊어질 것이다.

"우리에게 전적으로 속한 것은
우리의 판단과 의지뿐이다."

002

오해는 어디서 시작되고, 어떻게 풀리는가

우리는 종종 누군가의 말에 상처받거나, 무심한 태도에 섭섭함을 느낀다. 하지만 속이 좁아 보일까 봐, 정작 그 감정을 표현하거나 물어보지 못한다. 그렇게 확인되지 않은 감정들이 쌓이고 쌓이다 보면, 결국 마음의 거리는 조금씩 멀어지게 된다. 데카르트는 지식과 판단에 있어 가장 경계해야 할 것이 "불명확한 전제에서 시작된 확신"이라고 말했다. 이 말은 인간관계에도 그대로 적용된다. 우리가 느끼는 오해의 상당수는 사실이 아니

165

라, 개인의 해석에서 비롯된 경우가 많다. 그리고 명확하지 않은 상황일수록, 해석은 더 쉽게 왜곡될 수 있다. 그 이유는, 타인의 말이나 행동을 자신의 경험과 감정의 필터를 통해 받아들이기 때문이다. 데카르트는 어떤 말이 분명하게 인식되지 않는 이상 진리로 받아들여선 안 된다고 강조했다. 마찬가지로, 타인의 말이나 태도 또한 그것이 분명히 전달되지 않았다면 우리는 스스로 해석하게 되고, 그 속에서 오해는 점점 자라난다.

오해를 줄이기 위해 가장 먼저 필요한 것은 바로 '확인하는 용기'다. 애매한 말에 혼자 마음을 굳히기보다, "그 말은 어떤 뜻이었어?", "요즘 무슨 일 있어?" 하고 조심스럽게 물어보는 것이 오히려 더 용기 있는 행동이다. 오해를 끌어안고 아무 말 없이 지나가는 것은 그 사람이 내게 그만큼 중요하지 않다는 무언의 표현이 될 수 있고, 혹은 더는 그와 가까워지고 싶지 않다는 거리두기의 신호가 될 수도 있다. 관계를 망치는 건 솔직한 질문이 아니라, 침묵 속에서 굳어버린 오해다. 상대의 진심을 확인하지 않고, 내 상상만으로 판단하게 될 때, 진실보다 오해가 더 많이 쌓여간다.

오해를 풀기 위해 가장 필요한 것은 관점의 이동이다. 데카르트는 진리에 도달하려면 편견을 내려놓고, 문제를 다양한 각도에서 바라보라고 했다. 오해도 마찬가지다. 내 입장에서만 상황을 해석하면, 오해는 반복될 수밖에 없다. 때로는 상대의 입장을 생각해보고, 그 사람이 왜 그런 행동을 했는지 유추해 보려는 이해의 과정이 필요하다. 이해하려는 작은 마음이 관계에 여유를 만들고, 서로를 더 아껴줄 수 있는 여지를 만들어준다. 사람 사이에 완벽한 소통은 없다. 우리는 그저 자신의 경험과 상황에 비추어 공감할 뿐이다. 그럼에도 불구하고, 불완전한 소통 속에서도 서로를 이해하려는 태도는 관계를 더 깊고 단단하게 만든다.

오해를 줄이고 싶다면 침묵하기보다는 먼저 물어보는 용기를 내자. 그리고 다르게 해석할 수 있는 가능성이 있다는 사실도 인정하자. 명확함은 이성의 덕목이자, 관계의 기초다. 우리가 데카르트처럼 확실함을 추구할수록, 사람 사이의 거리도 조금씩 가까워질 수 있다. 친구가 많지 않더라도, 어중간한 관계보다는 확실한 관계를 맺는 것이 인생에 훨씬 더 큰 도움이 된다. 만약 주변에 어중간한 친구들이 있다면, 그 관계를 분명하게 정리해 보는 것도 좋다. 당신을 진심으로 아끼지 않는 사람이라면, 금전적인 문제나 신뢰가 필요한 순간에 결국 본색을 드러내기 마련이다. 그러니 나쁜 사람은 과감히 멀리하고, 진짜 친구들과 함께 더 행복하게 살아가자.

"모든 오해는

이해하려는 노력이 멈춘 곳에서 시작된다."

003

인정받고 싶은 마음이
나를 더 불안하게 만든다

사람을 비참하게 만드는 것 중 하나는 인정 욕구다. 누구나 인정받고 싶어 하지만, 그 욕구가 지나치게 커지면 인정을 받지 못할 때 점점 불안함을 느끼게 된다. 데카르트는 모든 진리는 스스로 사유한 결과에서 나와야 한다고 말했다. 인정은 타인에게서 오는 것이므로, 데카르트의 철학에 따르면 진리가 아니다. 살다 보면 아무리 내가 잘해도 사람들은 관심조차 주지 않을 수 있고, 오히려 이유 없이 나를 폄하할 수도 있다. 그럼에도 타인의 반응에 나의 가치를 맡긴다면, 진짜가 아닌 가짜 삶 속에서 끊임없는 불안과 초조함을 느끼며 살아갈 수밖에 없다. 진정한 자존감은 남이 나를 어떻게 보는지가 아니라, 내가 나를 어떻게 대하느냐에서 비롯된다. 내가 세운 기준, 내가 이해할 수 있는 선택, 그리고 내가 후회하지 않을 행동. 이 모든 것들이 모여 나의 존엄을 만든다.

물론 타인의 인정을 받는 것은 기분 좋은 일이다. 하지만 그것이 존재의 근거가 되어서는 안 된다. 우리가 가장 경계해야 할 것은 인정욕구가 나를 지배하게 되는 상황이다. 인정욕구가 지나치면 나답지 않은 행동을 하게 되고, 극단적인 생각에 빠지며, 좋아하지 않음에도 억지로 무언가를 하려는 등 이성적인 판단이 흐려지게 된다. 데카르트가 인간은 이성적으로 사고할 수 있을 때 비로소 자기 삶을 통제할 수 있다고 본 것도 이런 이유에서다. 외부의 기준에 흔들리지 않고, 자신의 내면에 기반한 확신으로 살아가는 것이 이성적 존재의 모습이다. 인정욕구는 타인의 반응을 과도하게 해석할 때 커지기 마련이다. 그렇기 때문에 내가 누구인지, 어떤 가치를 따르고 있는지를 분명히 알고 있다면, 타인의 인정은 필수 조건이 아닌 선택 사항이 된다. 인정받기 위해 나를 꾸미기보다는, 나를 지키기 위해 나답게 살아가길 바란다. 그것이야말로 가장 자유로운 형태의 인정이다. 타인의 마음을 얻는 것보다 내 마음을 잃지 않는 쪽을 택한다면, 그 선택은 분명 더 나은 나를 만들어 줄 것이다. 데카르트가 의심을 통해 진리에 도달했듯, 우리도 자신의 내면에서 흔들리지 않는 가치를 발견할 때 비로소 진정한 자기 확신을 가질 수 있을 것이다.

"나는 권위에 의존하지 않고,
내 이성의 힘으로 진리를 찾기로 결심했다."

상처를 주지 않으려면
먼저 경계를 배워야 한다

가끔은 누군가를 아프게 하려는 의도가 전혀 없었음에도 상처를 줄 때가 있다. 말투, 행동, 간섭, 기대와 실망 등은 모두 상대방의 기준에 따라 다르게 받아들여진다. 인간관계는 그만큼 복잡하다. 흔히 친하지 않으면 관계 맺기가 더 어렵다고 생각하지만, 오히려 친할수록 관계는 더 민감하고 애매해진다. 왜냐하면 인간은 본능적으로 자신보다 타인을 더 사랑하고 희생하는 데 한계가 있기 때문이다. 그런데 한 실험에서는, 누군가를 깊이 사랑하는 사람의 뇌에서 '자기'의 개념이 확장되어 상대를 자기처럼 인식하고 있다는 결과가 나왔다. 즉, 친밀해질수록 상대방을 독립된 존재가 아닌 '나'의 일부로 여기게 되고, 그로 인해 내 생각대로, 내 뜻대로 따라주기를 기대하게 된다는 것이다. 그러나 그런 기대는 상대방이 나와 다른 사람이라는 사실을 잊게 만들고, 무심코 던진 말이나 행동으로 큰 상처나 실망을 줄 수 있다. 그래서 관계가 깊어질수록, 서로에 대한 분명한 경계가 필요하다는 것을 반드시 배워야 한다.

데카르트의 철학에서는 "자유로운 존재가 되기 위해선 통제가 가능한 것과 그렇지 않은 것을 분별해야 한다"고 보았다. 대부분의 상처는 의도적이기보다 무지에서 비롯된다. 아무리 가까운 사이라도 "이건 널 위한 말이야"라며 상대의 입장을 고려하지 않고 일방적으로 충고하거나, 상대가 싫어하는지도 모른 채 과하게 개입하는 경우가 많다. 오랜 시간을 함께했다는 이유로 선을 넘는 말이나 행동을 할 때, 그것을 너그럽게 이해해 줄 사람은 드물다. 이런 말과 행동은 결국 상대의 경계를 침범하는 일이다. 문제는 이런 행동을 하는 사람들은 스스로는 잘해주고 있다고 믿는 경우가 많다는 것이다. 그러나 상대에게는 존중받지 못했다고 느껴지는 언행일 뿐이다. 그래서 친한 사이일수록 오히려 관계가 틀어지는 경우가 많다. 데카르트는 우리가 타인의 감정을 판단할 때, 자신의 감정을 기준으로 삼지 말고 이성적으로 분석해야 한다고 말했다. 마찬가지로, 타인을 대할 때도 감정이 아닌 이성으로 바라봐야 상대방의 경계를 정확히 인식할 수 있다. 여기서 말하는 '경계'란 단순히 선을 긋고 거리를 두는 것이 아니다. 그것은 곧 존중의 선을 아는 것이다. 상대의 말을 판단 없이 경청하는 것, 충고보다는 공감을 먼저 건네는 것, 내가 할 수 없는 일에 대해서는 인정하고 물러나는 태도. 이런 자세들이야말로 선을 넘지 않고 관계를 더욱 단단하게 만든다.

내 감정이 옳다고 해서 항상 표현하는 것이 언제나 옳은 것은 아니다. 상처를 주지 않기 위해서는, 내 말이 상대에게 어떻게 들릴지를 상상할 수 있는 배려가 필

요하다. 사람과의 관계는 선한 의도만으로는 충분하지
않다. 중요한 것은 그 의도를 전달하는 방식과 타이밍
이다. 가깝다고 해서 모든 것을 공유해야 하는 것도 아
니고, 이해한다고 해서 모두 간섭해도 되는 것도 아니
다. 상처를 주지 않으려면 그 사람만의 선이 있음을 인
정하고, 내 감정 또한 그 선 앞에서 멈춰 설 줄 알아야
한다. 그렇게 거리를 읽어내는 감각을 갖게 된다면, 진
정한 어른이 되는 것이다. 이성적으로 존중의 선을 아
는 것만으로도 충분히 행복한 관계를 만들 수 있다.

"나는 자주 속아왔다는 사실을 알았기에,
더욱 신중하게 판단해야 할 책임이 있다고 느꼈다."

미움받을 용기가
있어야 한다

누군가에게 미움받는다는 건 결코 쉬운 일이 아니다. 미움은 종종 스스로의 가치를 의심하게 만든다. 그래서 우리는 본모습을 숨기고, 상대가 좋아할 만한 모습으로 자신을 꾸미게 된다. 하지만 이런 관계는 결코 건강할 수 없다. 약간의 미움을 감수하더라도 나답게 살아가는 것이 더 현명한 선택이다.

'미움받을 용기'란, 모든 사람과 좋은 관계를 유지할 수는 없다는 현실을 받아들이는 태도다. 모두가 나를 좋아할 수는 없으며, 때로는 이유 없이 싫어하는 사람도 있다는 사실을 인정하는 것이다. 타인의 기준에 나를 억지로 맞추지 않고, 자신을 괴롭히면서까지 누군가에게 매달리지 않으며, 좋아하는 일이 있어도 눈치를 보느라 포기하지 않는 것. 상대의 요구에 정중히 거절할 수 있고, 내 의견을 명확히 말할 수 있는 용기. 이것이야말로 진정한 자기 존중이다.

이것은 결코 이기적인 것이 아니다. 오히려 내가 무엇을 좋아하고 싫어하는지, 어떤 삶을 살고 싶은지에 귀 기울이며 내면의 목소리에 충실해지는 것이다. 데카르트가 강조한 이성적 사고의 핵심도 바로 여기에 있다. 외부의 평가에 흔들리지 않고, 내면의 기준과 가치에 따라 판단할 수 있을 때, 비로소 삶은 '내 것'이 된다.

사람들의 평가는 변덕스럽고 쉽게 바뀐다. 오늘의 칭찬이 내일의 비난으로 바뀌기도 한다. 그렇기에 미움을 두려워하며 끊임없이 자신을 바꾼다면, 결국 내 삶의 방향을 잃게 된다. 때로는 미움을 감수할 수 있는 용기가 필요하다. 그 용기가 나를 더욱 매력적이고 성장하는 사람으로 만들어줄 것이다.

**"나는 존재의 가치를 남이 아닌
나의 사유에서 찾아야 한다."**

Q.

타인을 이해하려 하기 전에,
그들에게 이해받고 싶어 하진 않았는가?

Chapter. 08

삶의 기준은
어떻게 세워야 하는가

René Descartes

무엇이 옳은가보다,
무엇이 나에게 맞는가

우리는 늘 "무엇이 옳은가"를 고민하며 살아간다. 좋은 대학, 안정적인 직장, 사람들의 인정을 받는 선택들은 겉보기에 바람직해 보인다. 하지만 그런 길을 따라가면서도 마음 한구석 어딘가 허전하게 느껴질 때가 있다. 왜일까? 그 선택이 내가 진심으로 원한 것이 아니기 때문이다. 데카르트는 이성적 사고를 통해 외부로부터 주어진 믿음이 아니라, 스스로 납득할 수 있는 확신에 도달해야 한다고 보았다. 그래야 비로소 진정한 자유가 생긴다는 것이다.

사회는 끊임없이 기준을 제시한다. "이렇게 살아야 성공한다", "이건 옳고, 저건 틀렸다"는 식으로. 하지만 그런 사회의 기준이 모두에게 맞는 것은 아니다. 나에게 맞지 않는 기준은 오히려 나를 괴롭게 만든다. 데카르트는 '명확하고 분명한 진리'만을 받아들여야 한다고 말했다. 이는 단지 논리적인 정답만을 말하는 것이 아니라, 자기 안에서 흔들리지 않는 확신을 가지는 것이 중요하다는 뜻으로도 해석할 수 있다. 그 확신은 타인이 대신 정해줄 수 없으며, 스스로 깊이 성찰하고 질문을 던지며 찾아야 한다. 누군가는 사람 많은 자리를 즐기지만, 누군가는 혼자 있는 시간이 더 편하다. 누군가는 큰 성취에서 보람을 느끼고, 또 다른 누군가는 평범한 일상에서 의미를 찾는다. 이렇게 모두가 다른데도, 우리는 여전히 다수가 선택한 길이 '정답'이라 믿고 그에 나를 맞추려 한다. 때로는 그 길이 나에게 맞지 않는다는 것을 알면서도, 익숙하고 편해 보인다는 이유로 따라가기도 한다.

하지만 그런 삶은 겉보기엔 괜찮아 보여도, 내면은 점점 어두워질 수밖에 없다. '옳다'고 여긴 길이 나에겐 맞지 않을 수도 있다는 사실을 받아들이는 순간, 비로소 삶의 방향은 달라진다. 진정한 삶은 내가 충분히 납득할 수 있는 방식으로 살아가는 것이다. 그 삶은 반드시 특별하거나 눈에 띌 필요는 없다. 남들보다 크고 화려하지 않아도, 내가 편안하고 만족스럽다면 그 자체로 충분하다. 데카르트는 자신의 삶을 스스로 판단하고 책임질 수 있어야 한다고 보았다. 그의 철학을 삶에 적용한다면, 우리는 '무엇이 옳은가'보다 '무엇이 나에게 맞는가'를 먼저 물어야 한다. 누군가 정해준 기준이 아닌, 내 안의 기준을 세우는 삶. 그것이 결국 나를 덜 흔들리게 만들고, 후회 없는 선택을 가능하게 한다. 세상에 정답은 많지만, 나에게 맞는 삶의 방식은 단 하나. 그리고 그것은 오직 나만이 찾을 수 있다.

**"나는 남이 옳다 말하는 것보다,
내가 분명히 인식할 수 있는 것만을 따르기로 했다."**

002

왜 확신이 없어도
나아가야 하는가

'세상에 존재하지 않는 것이 있다. 첫 번째는 비밀, 두 번째는 공짜, 세 번째는 정답이다.'라는 말이 있다. 그렇다. 인생에 정해진 정답은 없다. 누군가는 공부를 하지 않아도 사업으로 성공하고, 또 다른 누군가는 치열하게 공부해 노벨상을 받기도 한다. 이처럼 세상에는 완벽한 답이라는 것이 존재하지 않는다. 모든 조건이 갖춰지기를 기다리다 보면 기회는 지나가고, 고민만 하다 결국 아무 선택도 하지 못하는 경우도 많다. 그러면서 자신의 문제에 대한 해답을 타인에게서 찾으려 하기도 한다. 하지만 데카르트의 철학은 다르다. 그에 따르면, 우리가 의지해야 할 것은 완벽한 외부의 답이 아니라, 내 안에서 세운 나만의 기준이다.

세상은 끊임없이 움직이고, 상황은 쉽게 바뀐다. 어제의 옳음이 오늘은 틀림이 되기도 하고, 다수가 선택한 길이 오히려 나에겐 독이 될 수도 있다. 정답이 보일 때까지 기다리다 보면, 우리는 평생 스스로의 삶을 선택하지 못한 채 살아갈지도 모른다. 데카르트는 "명확하고 분명한 인식을 바탕으로 해야 한다"고 말했지만, 그 말은 반드시 객관적인 정답을 뜻하는 것이 아니라, 자기 안에서 흔들리지 않는 확신을 가져야 한다는 의미로 해석할 수 있다. 내가 스스로 납득하고 받아들일 수 있는 것, 그것이 곧 내 삶의 기준이 될 수 있다는 것이다. 물론 타인에게 조언을 구하고 배우려는 자세는 분명 가치 있다. 그러나 데카르트의 철학에 따르면, 우리가 진짜로 기대야 할 것은 외부의 답이 아니라, 내 안에서 최소한 스스로 납득할 수 있는 이유다. 즉, 배움의 자세가 잘못된 것이 아니라, 문제에 대해 스스로 조금이라도 인정하고 수용할 수 있어야 한다는 의미다.

불확실한 미래는 누구에게나 두렵다. 하지만 그 불편함 속에서도 방향을 찾아 나설 수 있는 사람이 되어야 한다. 모든 상황이 완벽하게 맞춰진 뒤에야 움직이는 사람은 결국 타인의 조언과 선택에 의해 이끌리게 된다. 지금 완벽하지 않더라도, 내가 믿는 방향으로 꾸준히 걸어가는 것. 그 자체에 이미 의미가 있다.

오히려 남들과 같은 기준을 따르려 할수록, 나는 점점 나로부터 멀어지게 된다. 그래서 후회 없는 선택을 하기 위해서는 남과의 차이에서가 아니라, 나와의 일관성에 따라 기준을 세워야 한다. 내가 중요하게 여기는 가치, 반복해서 지키고 싶은 마음, 늘 떠올리는 신념. 이 모든 것이 모여 나만의 기준이 된다.

완벽한 답을 찾느라 삶을 미뤄두지 말자. 불완전한 답일지라도 내 안에서 충분히 납득할 수 있다면, 그것이면 충분하다. 불확실한 미래 앞에서 머뭇거릴 수는 있다. 하지만 내가 스스로 납득했고 그것이 옳다고 믿는다면, 확신이 부족하다는 이유만으로 방향을 바꾸지 않아야 한다. 이것이 바로 데카르트가 말한 이성적 인간의 모습이자, 자신만의 세계를 만들어가는 사람의 자세다.

"나는 진리를 아직 완전히 발견하지 못했기 때문에, 확실한 의견이 생길 때까지는 가장 그럴듯한 것을 규칙 삼아 따르기로 했다."

003

나의 감정은 결국
나만이 알아준다

누구나 감정을 품고 살아가지만, 누구나 그것을 쉽게 꺼낼 수 있는 것은 아니다. 어떤 감정은 말로 옮기기엔 너무 복잡하고, 또 어떤 감정은 입 밖에 내는 순간 가볍게 느껴질까 봐 마음속 깊이 묻어두게 된다. 그래서 우리는 '누구에게도 말하지 못한 감정'을 안고 살아간다. 그렇다고 이러한 감정 자체가 문제가 되는 것은 아니다. 오히려 문제는, 우리가 그 감정을 애써 외면할 때 생긴다. 살다 보면 누군가 내 마음을 온전히 이해해 주길 바랄 때가 있다. 말하지 않아도 나를 알아봐 주고, 내 기분의 결을 짚어줄 사람을 기대하게 된다. 그러나 현실은 다르다. 말하지 않으면 알 수 없고, 말해도 온전히 이해받기 어려운 것이 바로 사람의 마음이다. 그래서 데카르트는 자기 자신을 들여다보는 능력, 즉 스스로를 사유하는 힘이 인간의 자유와 평온의 출발점이라고 보았다.

자신의 감정을 돌아보는 일은 생각보다 어렵다. 오랫동안 외면해 온 감정일수록 꺼내기에 조심스럽고, 그 감정을 제대로 이해하지 못한 채 오히려 스스로를 오해하게 되기도 한다. 하지만 감정을 들여다볼 용기 없이는 삶의 균형을 찾기 어렵다. 우리가 통제할 수 있는 유일한 것은 자신의 생각과 의지다. 표현하지 못한 감정은 결국 오롯이 나만이 알아줄 수 있다. 말로 꺼내지 못했던 순간들, 누구도 알아채지 못한 상처들, 심지어 스스로도 외면했던 감정들이 있다면 이제는 조금씩 마주할 때다. 그것들을 누가 알아주지 않더라도, 내가 알고 있다는 사실만으로도 마음은 한결 가벼워질 수 있다.

자기 감정을 되돌아본다는 것은, 스스로에게 충분한 관심과 애정을 기울이는 태도다. 누군가에게 설명하기 어려운 감정일수록, 타인에게 말해 공감을 받으려 하기보다는 먼저 자신에게 물어보고 들여다보는 것이 먼저다. 그 감정은 누구보다 가까운 존재인 나 자신이 가장 정확하게 이해할 수 있다. 나조차 내 마음을 외면하면, 감정은 더 깊은 곳으로 숨어버리게 된다. 데카르트의 철학은 외부의 기준보다 내면의 성찰을 강조한다. 내가 정말 나쁘거나 부끄러운 사람이 될까 봐 외면해 온 감정이라면, 이제는 그 감정을 솔직하게 마주하고 진지하게 생각해 보아야 한다. 굳이 누군가에게 털어놓지 않더라도, 내가 내 감정을 이해할 수 있을 때 마음속에 맺혀 있던 답답한 응어리는 점점 가라앉을 것이다. 자꾸 타인에게 묻기보다, 나 자신에게 묻는 사람이 되기를 바란다.

**"내 감정은 타인이 보는 것이 아니라,
내가 이해할 수 있을 때 비로소 조용해진다."**

스스로에게
설명할 수 있는 삶

어떤 삶이 좋은 삶인지, 진지하게 생각해 본 적이 있는가? 요즘처럼 자본주의가 깊이 스며든 시대에서는, 타인에게 나를 드러내고 설명할 수 있는 사람이 조금은 거만해 보여도 잘 사는 사람처럼 보이기 쉽다. 그래서 많은 사람들이 타인에게 설명하기 좋은 삶을 꿈꾼다. 누구에게 보여줘도 납득될 만한 선택, 누가 봐도 성공이라 말할 수 있는 이력 같은 것들 말이다. 하지만 이렇게 외적인 것들로는 말할 거리가 많아도, 정작 스스로에게는 말문이 막히는 순간이 찾아온다. 외부의 시선과 기준에 집중하다 보면, 어느새 보여지는 모습을 '진짜 나'로 착각하게 되기 때문이다. 그렇게 되면 점점 나를 잃어가고, 그 외적인 것이 사라졌을 때는 자신을 초라하게 느끼게 된다. 분명 그런 성취를 이룬 사람이라면 그만한 자격이 있음에도 말이다.

그래서 자신을 설명할 수 있는 기준은 외적인 것이 아니라 내적인 것이어야 한다. 어렵지만 꿋꿋이 견뎌낸 나, 먹고 싶었지만 마음을 다잡고 참아낸 순간의 나, 부끄러움을 무릅쓰고 한 걸음 내디뎠던 나. 이런 나의 경험과 노력이 곧 나를 설명해 주는 사람이 되었을 때, 우리는 비로소 단단한 사람이 된다. 그렇기에 우리는 바쁘고 치열한 삶 속에서도 끊임없이 스스로에게 질문을 던져야 한다. '나는 왜 이 길을 선택했을까?', '이건 정말 내가 원하던 삶일까?' 같은 질문들 말이다. 만약 그 질문에 선뜻 답하지 못하고 머뭇거린다면, 지금까지의 노력은 어쩌면 '나'를 위한 것이 아니라, '누군가'를 위한 것이었을지도 모른다.

데카르트는 모든 것을 의심하는 철학자였다. 하지만 그의 의심은 무의미한 부정이 아니라, 자신에게조차 설명할 수 없는 것을 가만히 들여다보는 내면의 성찰이었다. 우리도 마찬가지다. '나는 지금 이 선택을 어떻게 받아들이고 있는가?'를 스스로 묻고 성찰할 수 있어야, 존재의 중심이 흔들리지 않고, 명확해진다.

완벽한 기준이 아니어도 괜찮다. 중요한 것은 내가 지금 어떤 기준을 따르고 있는지, 그리고 그 기준이 나에게 얼마나 진실하게 느껴지는지다. 아무리 남들이 납득할 만한 선택이라 해도, 내가 스스로를 설득하지 못한다면 그 삶은 오래가지 못한다. 반면, 누군가에게 이해받지 못하더라도 내가 내 선택에 충분히 납득하고 있다면, 흔들릴지언정 마음은 편할 것이다.

결국 가장 중요한 건 '스스로에게 설명할 수 있는가'이다. 내가 나를 이해하고 있다는 느낌, 나를 속이지 않았다는 확신. 그것이야말로 삶을 견디게 하는 진짜 힘이다. 데카르트는 철학이 단지 머리로만 하는 것이 아니라고 믿었다. 그는 삶을 점검하는 길잡이로서의 철학을 원했다. 생각하는 인간은 단지 이성적인 존재가 아니라, 스스로를 끊임없이 설명하고 이해하려는 존재다. 이처럼 누구에게나 멋져 보이는 인생이 아니라, 내가 이해할 수 있는 인생. 내가 고개를 끄덕일 수 있을 만큼 내 선택을 설명할 수 있다면, 그것이야말로 진짜 나다운 삶일 것이다.

"생각이 머무는 곳에 진리가 깃든다.
그 진리는 반드시 내 이성 앞에서 분명해야 한다."

Q.

당신의 삶의 기준은 당신이 만든 것인가?
아니면 외부의 시선 속에서 만들어진 것인가?

Chapter. 09

사유와 고독
사이에서

René Descartes

생각이 많아질수록
더욱 혼자가 돼라

　혼자 있는 시간을 불편하게 여기는 사람들이 있다. 이들이 불편해하는 이유는 단지 외로움과 조용함이 싫어서가 아니라, 혼자 있을 때 밀려드는 수많은 감정과 생각이 부담스러워서 일지도 모른다. 밤에 자려고 누웠을 때, '이렇게 사는 게 맞는 걸까?', '나는 지금 올바른 삶을 살고 있는 걸까?' 등 많은 생각들이 조용한 순간에 떠오른다. 그렇게 혼자가 되면 그동안 사람들과 함께 있느라 미처 들여다보지 못했던 현실을 마주하게 된다. 그리고 그 질문들에 아직 답할 준비가 되어 있지 않기에, 사람들은 오히려 혼자 있는 시간을 피하고 이 사람 저 사람을 만나며 시간을 채우려는지도 모른다.

하지만 데카르트는 철학의 시작을 고요한 침묵 속, 사유에서 출발했다. 그는 자발적으로 세상과 거리를 두고, 굳어진 믿음과 감각, 지식들을 하나하나 의심하기 시작했다. 그렇게 외부의 모든 것으로부터 벗어난 끝에 그는 "나는 생각한다, 그러므로 존재한다"는 단 하나의 진리에 도달했다. 우리도 이처럼 사유하는 존재가 되기 위해서는, 조용히 생각에 잠길 수 있는 시간이 필요하다. 대나무도 처음부터 높이 자라는 것이 아니다. 초기 3~4년간은 땅속 깊이 뿌리를 내리는 데 집중하고, 충분히 자리를 잡은 후에야 빠르게 솟아오른다고 한다. 우리의 생각도 마찬가지다. 단번에 깊은 깨달음에 도달하는 것이 아니라, 생각하고 경험하며 점차 뿌리를 내릴 때, 어느 순간 누구보다 깊이 있는 사유를 할 수 있는 사람이 된다.

감정과 사유는 흔히 대비되는 개념처럼 보이지만, 실

제로는 같은 뿌리에서 자란다. 감정이 복잡할수록 생각도 정리하기 어렵고, 생각이 많아질수록 감정 역시 불안정해진다. 기분이 나쁘다고 생각을 멈추거나, 지나치게 이성적이라며 감정을 외면하는 것이 아니라, 혼자 있는 시간을 통해 그 감정과 생각을 들여다보고 깊이 정리해야 한다. 내면을 다스리는 힘은 오직 나만의 시간을 갖는 고요한 공간에서 자라난다. 수많은 정보를 접하고, 다양한 사람들과 만나고, 빠르게 반응해야 하는 시대에서 혼자 있는 시간은 어쩌면 외톨이처럼 보일 수 있다. 하지만 오히려 혼자 생각해야만 찾을 수 있는 답이 있다. 그러니 생각이 많아질수록 시끄러운 곳을 피하고, 혼자만의 시간을 가져보자. 고요함은 나를 돌아보게 하는 좋은 환경이다. 철학은 군중 속에서 외치지 않는다. 오히려 조용히 자신을 바라보는 사람에게 낮은 목소리로 말을 건넬 뿐이다. 그러니 철학을 통해 스스로를 마주해보길 바란다.

"자기 자신을 알지 못하는 사람은,
외부에서 오는 소리에 휘둘리며 살 것이다."

002

혼자서
시간을 견디는 방법

혼자 있는 시간에 하는 모든 행동이 나를 성찰하게 만드는 것은 아니다. 조용한 공간에 앉아 있다 해도, 막연한 불안감이나 공허함에 휩싸여 과도한 생각에 빠진다면 그것은 오히려 나를 지치게 만들 뿐이다. 또한 스마트폰을 반복해서 열어보거나, 익숙한 영상만 틀어놓는다면, 그것은 생각하는 시간이 아니라 단순히 시간을 흘려보내는 것이다. 이런 무의미한 시간이 쌓이면 오히려 더 피로해진다. 결국 중요한 건 그 시간을 '어떻게 다루느냐'이다. 나를 돌아보고 다듬는 시간이 될 수도 있고, 나를 소진시키는 시간이 될 수도 있다.

데카르트는 철학이 머릿속에서만 이루어지는 사유가 아니라고 보았다. 그는 매일 글을 쓰고, 생각을 정리하며, 끊임없이 자신의 내면을 돌아봤다. 혼자 있는 시간 속에서 떠오른 생각들이 기록되고 정제되면서, 그것은 단순한 감정이 아닌 철학이 되었다. 우리도 혼자 있는 시간에 생각의 흐름을 만들 줄 알아야 한다. 그렇다고 해서 거창한 계획이 필요한 것은 아니다. 아주 사소한 것들만으로도 충분하다. 외로움에 누군가에게 연락하지 않기, 스쳐 간 사람들을 떠올리지 않기, 짧게 글을 써보거나, 좋아하는 책의 문장을 곱씹어보는 것처럼 작은 루틴만으로도 혼자 있는 시간은 훨씬 더 깊어질 수 있다.

데카르트는 책을 무조건 많이 읽는 것보다, 먼저 '어떻게 생각할 것인가'를 훈련하는 것이 더 중요하다고 보았다. 그는 고전이나 다른 철학자들의 책을 비판 없이 받아들이는 것을 경계했다. 독서는 중요하지만, 사유 없이 받아들인 지식은 오히려 나의 판단을 흐릴 수 있다고 생각한 것이다. 그래서 그는 외부의 지식을 흡수하기에 앞서, 먼저 내면의 사고력과 질문하는 태도를 갖추는 것이 필요하다고 강조했다. 결국, 독서든 사유든 그 방향과 태도에 따라 나를 세우기도 하고, 오히려 흐트러뜨리기도 한다. 내가 무엇을 하든, 어떤 생각을 하든, 그것에 대해 끊임없이 의심하고 깊이 사고하는 방식이 중요하다.

우리 역시 혼자 있는 시간을 견딜 때, 그것을 '나를 세우는 시간'으로 바꾸려는 의식이 필요하다. 사유는 훈련된다. 처음에는 어렵지만, 반복할수록 익숙해진다. 데카르트가 매 순간을 이성적으로 채워 자신만의 철학을 빚어냈듯, 우리도 각자의 방식으로 사유를 익히고, 내면의 힘을 길러가길 바란다.

"나는 읽고, 생각하며, 다시 읽는다.
그렇게 내가 찾는 진리에 더 가까워진다."

003

혼자 있을 때 나오는 감정이 진짜다

사람들 앞에서는 괜찮은 척하지만, 혼자 있을 때 문득 마음이 쿡 하고 찔릴 때가 있다. 아무 이유 없이 가라앉거나, 별일도 없는데 눈물이 맺히는 순간처럼 말이다. 우리는 흔히 "별일 아니야", "그냥 기분 탓이야"라고 넘겨버리지만, 그때 느꼈던 감정은 단지 스쳐 가는 기분이 아니라, 내가 놓치고 있었던 진짜 내 모습일 수 있다. 누군가의 시선을 의식하지 않고, 꾸미지 않아도 되는 순간에 드러나는 마음은 그 어떤 때보다도 진솔하고 순수한 감정 그 자체이기 때문이다. 그래서 외로움은 군중 속에서보다 혼자 있을 때 더 진하게 밀려오고, 어떤 슬픔은 말하지 않았을 때 오히려 더 크게 번진다.

데카르트의 사유가 깊어질 수 있었던 건, 어떤 감정도 부정하지 않고 끝까지 바라보려는 태도 덕분이었다. 혼자 있을 때 스스로 이상해졌다고 느끼기보다는, 그 순간 떠오른 감정이 그동안 눌러왔던 마음의 결과일 수 있다는 점을 생각해 봐야 한다. 감정을 다양한 시선으로 바라보는 것, 그것이야말로 데카르트 철학에서 말하는 바람직한 태도다. 불편한 감정을 외면하지 않고 받아들이는 연습은, 결국 자신을 이해하는 데 꼭 필요한 과정이다. 감정을 바라본다는 건, 나를 아끼고 이해하는 일이다. 내가 언제 행복한지, 언제 슬픈지를 알려주는 신호로 감정을 바라보는 태도이기도 하다.

혼자 있는 시간은 그래서 중요하다. 혼자 있어야 비로소 감정이 올라오고, 그 감정을 제대로 바라볼 수 있어야 비로소 나를 이해하게 된다. 혼자 있을 때 나는 어떤지, 혹은 자신의 감정은 어떤 반응을 보이는지 되돌아보자. 만약 혼자 있을 때 눈물 흘리는 일이 잦다면 당신은 지금 우울한 상태일 것이고, 혼자 있음에도 행복해하고 외롭지 않다면 당신은 지금 정말 행복한 삶을 살고 있다는 증거일 수도 있다. 당신은 혼자 있을 때 어떤 감정이 나오는가? 그 감정이, 숨겨진 당신의 진짜 감정일 수도 있다.

**"내가 직접 깨닫지 않은 진리는
나에게 참된 진리가 될 수 없다."**

멈춤을
기회로 삼아라

혼자만 멈춰 있는 듯한 기분이 들면, 뭔가 중요한 것을 놓친 것 같아 불안해지고, 남들보다 뒤처졌다는 생각에 초조해지기 쉽다. 하지만 데카르트는 모든 것을 멈추고 철저히 의심하며 철학의 출발점을 마련했다. 그의 멈춤은 후퇴가 아니라, 방향을 바로잡기 위한 정비의 시간이었다.

우리 역시 혼자 있는 시간이 아무것도 하지 않는 것처럼 느껴질지라도, 그것은 멈춤이 아니라 삶을 다시 가다듬고 정비하는 중요한 순간임을 기억해야 한다. 멈춰 있는 시간이 괴롭게 느껴지는 이유는, 당장 눈에 보이는 성과가 없기 때문이다. 그래서 잠깐의 멈춤조차 초조하게 느껴지고, 나만 뒤처지고 있다는 불안에 시달리게 된다.

하지만 진정으로 골대에 골을 넣는 사람은 무작정 빨리 달리는 사람이 아니라, 정확히 골대를 향해 방향을 잡는 사람이다. 현명한 삶은 무작정 앞으로 나아가는 데서 만들어지는 것이 아니라, 잠시 멈춰 자신의 위치와 방향을 점검하는 태도에서 비롯된다. 몸이 아프면 휴식이 필요하듯, 마음이 혼란스러울 땐 생각도 잠시 쉬어가야 한다. 데카르트가 보여준 '멈춤'은 무기력이나 방황이 아니라, 가장 적극적이고 용기 있는 철학적 태도였다. 무엇을 해야 할지 몰라 불안할 때, 어떤 길이 옳은지 확신할 수 없을 때, 억지로 무언가를 하기보다는 오히려 멈춰 서서 정비하는 시간을 가지는 것이 필요하다.

가끔은 멈춰도 괜찮다. 조용한 방 안에서 나만의 방

향을 다시 그려보는 그 시간은 결코 낭비가 아니다. 오히려 그 시간 동안 우리는 더 멀리 나아가기 위한 준비를 하고 있는 것이다. 또한 멈춰 있는 시간이 반드시 고민하거나 무언가를 끊임없이 생각해야 하는 시간일 필요도 없다. 내면이 흔들리고 불안한 순간조차도 삶의 일부이기 때문이다. 데카르트 역시 흔들림 없는 확신에 이르기까지 수많은 질문과 내적 갈등을 마주했다. 우리의 삶도 마찬가지다. 잠시 멈춰 설 때 느껴지는 막연한 불안과 흔들림도 결국 나를 더 단단하게 만들고, 내면을 깊게 만드는 과정이다. 중요한 것은 멈춤을 부정적으로 바라보기보다, 나를 성장시키고 지혜롭게 만드는 계기로 받아들이는 것이다.

**"생각을 잠시 멈추고, 의심하는 것이야말로
진리에 이르는 첫걸음이다."**

혼자인데도
혼자가 아닌 순간이 있다

혼자 있는 시간에는 외로움이나 고독을 느끼기 쉽다. 하지만 혼자 있어도 결코 혼자가 아닌 순간도 있다. 그것은 바로 마음과 깊은 대화를 나누는 시간이다. 예전에 들었던 누군가의 따뜻한 위로를 다시 곱씹거나, 힘들 때 친구가 건넨 진심 어린 말을 떠올리거나, 눈을 감았는데 함께 웃고 울던 사람들이 생각나 슬며시 미소 짓는 그런 순간들 말이다. 데카르트 역시 엘리자베스 공주에게 보낸 편지에서 이런 말을 남겼다. "사람은 고독 속에서도 자신 안에서 사랑하는 이들과 함께 살아갈 수 있습니다. 멀리 떨어져 있어도 마음속에서는 언제나 가까이에 있으니까요." 그는 물리적으로는 혼자일 수 있어도, 마음속 연결은 결코 끊어지지 않는다는 점을 강조했다.

우리의 고독도 이와 같다. 혼자일 때 오히려 더 선명하게 떠오르는 기억과 감정들은, 보이지 않는 끈이 되어 나를 이끌어줄 것이다. 혼자라는 감정이 반드시 단절을 의미하는 것은 아니다. 오히려 혼자 있을 때 더 솔직하게 타인을 그리워하고, 마음으로 연결되어 있음을 느끼며, 사람의 온기를 더욱 진하게 경험하게 된다. 사랑하는 사람이 얼마나 소중한 존재인지 알고 싶다면, 잠시 멀리 떨어져 지내보라는 말이 있다. 가까이 있을 땐 몰랐지만, 멀리 떨어졌을 때 그 사람이 자꾸 떠오르고 그리워진다면, 그는 이미 당신에게 아주 소중한 존재라는 뜻이다.

이러한 순간들을 통해 우리는 자신의 마음을 보다 명확하게 확인하고 정리하는 법을 배운다. 혼자인 시간을 외로움과 단절로만 보지 않고, 마음속에서 누군가와 깊이 이어지는 시간으로 바라볼 수 있다면, 삶은 훨씬 더 따뜻해질 것이다. 혼자 있는 순간은 고독이 아니라, 고독 속에서 누군가와 연결되는 특별한 순간임을 기억하자.

**"고독은 사유의 성숙을 돕고,
독립적인 사고를 위한 필수적인 조건이다."**

Q.

당신은 혼자만의 시간을
어떻게 활용하고 있는가?

Chapter. 10

삶은 여전히
생각할 가치가 있다

 René Descartes

다시 연결되는 용기,
다시 살아가려는 의지

사유의 시간을 충분히 가진 사람은 결국 다시 삶의 한가운데로 나아가야 한다. 혼자 있는 시간은 우리를 깊이 생각하게 만들지만, 삶은 여전히 관계와 현실 속에서 이루어진다. 데카르트가 고립된 시간 속에서 철학을 시작했지만, 그의 사유는 결코 자신만을 위한 것이 아니었다. 그는 더 나은 삶, 더 정확한 판단, 더 명확한 기준을 세우기 위해 생각했고, 결국 철학은 다시 세상 속에서 살아가기 위한 도구가 되었다. 사유를 통해 자신을 돌아보았다면, 이제는 다시 삶과 사람을 향해 나아갈 차례다. 생각이 많고 감정이 깊은 사람일수록 다시 연결되는 일이 더 두려울 수 있다. 오해를 받을까 봐, 상처를 입을까 봐, 혹은 모든 것이 무의미해 보일까 봐 망설이기도 한다. 하지만 진정한 성장은 고요한 깨달음 뒤에 오는 '실천' 속에서 완성된다. 철학이란 단지 생각하는 데 그치지 않고, 현실을 살아가는 방식이기 때문이다.

데카르트는 "나는 생각한다, 고로 존재한다"고 말했다. 그 말은 단지 내가 생각하고 있다는 사실의 선언이 아니라, 생각을 통해 다시 살아가겠다는 의지의 표현이었다. 그는 모든 것을 의심한 끝에서, 다시 삶을 구성하고자 했다. 우리의 삶 또한 그래야 한다. 질문하고 멈추는 시간을 갖고 그 끝에는 다시 관계를 맺고, 책임지고, 삶을 꾸려나가는 용기가 있어야 한다. 혼자 있는 시간을 통해 나를 이해했다면, 이제 나를 다시 꺼내어 세상과 연결해 보자. 관계는 여전히 복잡하고, 감정은 완전히 정리되지 않았을지 몰라도, 우리가 한 번이라도 진심으로 자신을 들여다본 경험이 있다면, 우리는 이전보다 훨씬 나은 삶을 살아갈 수 있다. 다시 살아가려는 의지는 완벽하기 때문이 아니라, 자신의 불완전함을 알기에 가능한 용기다. 조용한 시간을 지나왔다면, 이제는 그 시간 속에서 얻은 나를 가지고 다시 앞으로 나아가야 한다. 철학은 단지 고요한 생각에 머무르지 않는다. 삶 속에서 다시 움직이고 행동할 때 비로소 그 진짜 의미가 살아난다.

"사유는 우리의 삶을 이끄는 힘이다.
하지만 삶의 진정성을 찾기 위해서는
이성적인 사유와 실제적인 실천이
함께 이루어져야 한다."

002

삶은 이해되는 것이 아니라, 살아내는 것이다

우리는 자꾸 삶을 이해하려 한다. 왜 이런 일이 생겼는지, 왜 나는 다른 선택을 하지 않았는지, 왜 저 사람은 나를 아프게 했는지. 모든 일에 이유를 찾고, 모든 감정에 설명을 붙이고 싶어 한다. 하지만 삶이 반드시 이해 가능한 일들로만 채워지는 것은 아니다. 어떤 순간은 설명할 수 없고, 어떤 일은 감히 말로 표현할 수 없다. 데카르트는 모든 것을 의심했지만, 그 의심은 답을 찾기 위한 시도라기보다, 이해할 수 없는 것들을 들여다보려는 태도였다. 그는 '이해한 사람'이 아니라, '의심하고 있는 사람'으로서 존재를 증명했다. 물론 데카르트가 강조한 것처럼 명확하면 좋겠지만, 삶은 수학처럼 명쾌하게 풀리는 문제가 아니다.

어떤 관계는 끝난 뒤에도 이유를 알 수 없이 마음에 남고, 어떤 선택은 시간이 지나도 여전히 불확실하다. 삶에 이해되지 않는 것들이 많다고 해서, 그 삶이 무가치한 것은 아니다. 오히려 우리는 이해되지 않는 것들을 끌어안고도 살아가는 존재다. 누군가의 말 한마디에 이유 없이 눈물이 흐르거나, 후회할 것을 알면서도 사랑을 선택하는 것처럼. 그런 감정과 선택은 논리로 설명되지 않지만, 오히려 그런 순간들이 우리를 더 인간답게 만든다.

굳이 모든 걸 이해하려 애쓰지 않아도 된다. 중요한 것은 그 모든 순간을 끝내 살아내며, 생각하고, 감당하며 나아가는 일이다. 설명되지 않는 시간을 견디며, 그 안에서도 생각하는 '나' 자신을 의식할 수 있다면, 우리는 여전히 데카르트가 말한 '존재의 증거'를 살아내고

있는 것이다. 데카르트가 말했듯, 생각은 존재의 증거
이고, 살아 있는 사유는 살아 있는 인간을 만든다.

**"이성으로 이해할 수 없는 것들이 있다.
그러나 그 경험은 우리의 삶을 풍요롭게 만든다."**

003

이해보다
질문을 남기는 사람이 되라

살면서 우리는 누군가에게 설명해야 할 순간을 자주 마주한다. 누군가 "왜 그렇게 생각해?", "그게 정말 맞는 거야?"라고 질문하며, 확실한 답을 원하고, 속 시원한 결론을 기대한다. 그래서 자꾸만 확신 있는 태도로 말하게 되고, 더는 물어보지 않도록 만들어버린다. 하지만 생각해 보면, 누군가를 진짜 변화시키는 말은 언제나 완성된 설명보다 멈칫하게 만드는 질문이었다. 데카르트가 철학을 시작할 수 있었던 이유는, 모든 것을 의심할 수 있다는 발상에서였다. 그리고 그는 그 질문을 누구에게 던진 것이 아니라 자기 자신에게 끝없이 던 졌다. "이것은 정말 확실한가?", "지금의 믿음은 누구의 것인가?", "내가 보는 세계는 진짜인가?" 그 질문이 쌓 이고, 사유가 반복되면서 철학이 시작되었다. 그는 남 들에게 해답을 주기보단, 각자가 자신만의 기준을 다시 세워보도록 이끌었다.

우리는 말하기 쉬운 세상에 살고 있다. 누구나 의견 을 말하고, 누구나 설명하려 든다. 하지만 많은 설명 속 에서도 진짜로 귀에 남는 말은 거의 없을 것이다. 오히 려 오래 남는 건, 말을 멈추게 만드는 질문이다. 쉽게 대답할 수 없는 질문, 바로 대답하지 않아도 되는 질문. 그런 질문은 생각을 머무르게 하고, 마음속에 남는다. 우리도 누군가에게 그런 사람이 되어야 한다. 말로 가 르치기보다는, 말없이 생각하게 만드는 사람. 내가 옳 다고 말하는 대신, "정말 그런가?"라고 한 번쯤 묻고 물 러나게 만드는 사람. 확신보다 질문을 남기는 사람은 답을 주지는 못하지만, 생각할 기회를 남겨준다. 그것

이면 충분하다. 세상에는 이미 너무 말이 많고, 설명이
넘친다. 그 사이에서 한 번쯤 멈추게 하는 질문 하나,
그것이 누군가의 삶을 조금은 다르게 만들 수 있다면,
그걸로 충분하다.

"모든 것을 이해하려 하기보다는,
더 깊은 질문을 남기는 사람이 되어라.
질문 속에서 진리가 드러난다."

끝에서 다시 시작되는 질문 하나

책장을 덮는 이 순간, 우리는 여전히 완성되지 않은 상태로 남는다. 아마 이 책을 읽는 동안에도 모든 문제의 해답을 얻진 못했을 것이다. 삶은 여전히 어렵고, 감정은 끊임없이 흔들리며, 어떤 질문들은 아직도 풀리지 않은 채 남아 있을지도 모른다. 하지만 어쩌면 그것은 가장 자연스러운 결말이다. 철학은 명확한 정답을 주지 않지만, 끊임없이 질문하게 만드는 힘을 우리에게 남기기 때문이다. 생각한다는 것은 결국 삶을 납득하려는 태도이자, 이해되지 않아도 견디려는 마음이며, 자신을 더욱 깊이 이해하려는 노력이다. 그것이 곧 존재의 시작이다.

이제 우리에게 필요한 것은 질문이다. "나는 어떤 방식으로 살아가고 싶은가?", "무엇이 나를 나답게 만드는가?", "어떤 관계는 지켜내고, 어떤 감정은 떠나보낼 수 있는가?" 여러 질문들에 확실한 답을 찾지 못해도 괜찮다. 중요한 것은 생각을 멈추지 않고, 질문을 외면하지 않는 것이다. 질문을 던질 수 있다는 건 이미 자기 삶을 진지하게 살아가고 있다는 증거다. 우리는 많은 것을 알고 있다고 착각할 때보다, 모른다고 인정할 때 더 많은 배움의 기회를 얻게 된다. 오히려 그 모름 속에서 타인을 이해하고, 실수를 되돌아보며, 다시 시작할 수 있는 가능성이 열린다. 확신이 없어도 생각하는 힘만 있다면, 우리는 어떤 실패 앞에서도 다시 일어설 수 있다.

책은 여기서 끝나지만, 당신 안의 질문은 지금부터 시작된다. 그 질문 하나가 스스로를 더 깊이 들여다보게 하고, 더욱 단단한 삶을 살도록 도와줄 것이다. 당신이 다시 질문할 수만 있다면, 그것은 이미 철학을 살아내고 있다는 증거다. 언젠가, 다시 조용한 밤에 문득 떠오르는 질문이 있을 것이다. 그때 다시 천천히 생각해 보면 된다. 그렇게 철학은 책 속에 머무르지 않고, 우리의 일상 속에서 살아 숨 쉴 것이다.

Q.

당신은 여태까지 어떤 질문이
가장 와닿았는가?

그 질문이 바로 당신이 가장 마주하기 두려운 진실일 것이다.

작가의 말

처음 이 글을 쓰기 시작했을 때, 저에게는 확신이 없었습니다. 누군가에게 의미가 있을지, 관심을 가져줄지조차 알 수 없었으니까요. 하지만 데카르트의 철학을 접하면서, 생각을 멈추지 않고 살아가는 일 자체에 가치가 있다는 믿음을 갖게 되었습니다. 그리고 그 믿음을 글로 옮기며, 저 자신에게도 끊임없이 물었습니다.

"나는 정말 내가 믿는 대로 살고 있는가? 나는 나를 제대로 알고 있는가? 그리고 나는 과연 나 자신을 믿을 수 있는가?" 이 책을 쓰는 동안 수많은 질문을 했고, 수없이 흔들리기도 했습니다. 그러나 그 과정에서 얻은 것은 명확한 해답이 아니라, 생각하는 힘이 얼마나 위대하면서도 때로는 얼마나 버거울 수 있는지에 대한 깨달음이었습니다. 아주 작은 생각 하나가 인생과 감정, 그리고 자존감을 좌우할 수 있을 만큼, 생각의 힘은 절대 작지 않다는 사실을 깊이 체감했습니다.

여러분도 이 책을 통해, 생각의 힘을 조금이나마 느끼셨기를 바랍니다. 삶은 끊임없이 질문하고 사유할 가치가 있으니까요. 만약 이 책을 읽고 나서 데카르트의 말, "나는 생각한다. 그러므로 존재한다"라는 문장이 이전과 다르게 들린다면, 여러분은 이미 이 책의 핵심을 제대로 이해하신 것입니다. 앞으로도 자신만의 길 위에서 생각을 멈추지 않는 사람으로 살아가시길 진심으로 바라며 응원하겠습니다.

" _____ 생각한다.

그러므로 _____ 존재한다."

-데카르트-

**일단 의심하라,
그 끝에 답이 있다**

ⓒ이근오

초판 1쇄 인쇄 2025년 4월 15일

엮은이 이근오
디자인 김지혜
마케팅 정호윤, 김민지
펴낸곳 모티브
이메일 motive@billionairecorp.com

ISBN 979-11-94600-12-1 (03160)